DATING AUTHENTIQUE

DELPHINE LOURADOUR
DATING
authentique

DATING AUTHENTIQUE

Copyright © 2024 Delphine Louradour
Tous droits réservés.
ISBN : 9798864890103

Sommaire

SOMMAIRE 3
PREFACE DE DAVID BOUDJENAH 7
INTRODUCTION 9

PARTIE 1 : LA RECHERCHE 13

CIBLER LA PLATEFORME DE RENCONTRES QUI VOUS CORRESPOND 17
   IDENTIFIER SES ATTENTES 17
   BREF PANORAMA DES APPLICATIONS 18
   COMBIEN DE SITES TESTER EN MEME TEMPS ? 20
   SAVOIR SI VOUS UTILISEZ LE SITE QUI VOUS CORRESPOND 21
CHERCHER LE BON PARTENAIRE 25
   LES CLES POUR MENER SA RECHERCHE 26
   L'ATTRAIT DES CONTRAIRES ET DES RESSEMBLANCES 30
   ANALYSER SI VOTRE CHOIX AMOUREUX VOUS CORRESPOND 33
SE DEMARQUER DES AUTRES PROFILS 41
   CHOISIR DES PHOTOS QUI ATTIRENT LE REGARD 42
   REDIGER UNE PRESENTATION CAPTIVANTE 44
   TROUVER LES ATOUTS POUR SE DISTINGUER 46
   FUIR LE PIÈGE DU PROFIL ARTIFICIEL 48
COMPRENDRE LE FONCTIONNEMENT DES SITES DE RENCONTRES 51
   LA FACE CACHÉE DE TINDER 51
   L'ASYMÉTRIE ENTRE HOMMES ET FEMMES 54
LES IMPACTS COLLATERAUX DES SITES DE RENCONTRES 59
   LES EFFETS SUR L'ÉQUILIBRE MENTAL 59
   COMPRENDRE ET SURMONTER LE GHOSTING 64
   RECONNAÎTRE ET ÉVITER LES ARNAQUEURS 69
ENGAGER ET MAINTENIR UNE CONVERSATION 73
   L'ART D'ENVOYER UN PREMIER MESSAGE CAPTIVANT 73
   ENTRETENIR LA DYNAMIQUE DE L'ÉCHANGE 79
ÉVOLUER DU VIRTUEL AU REEL 93
   ÉVALUER LE DÉSIR DE SE RENCONTRER 93
   ÉVITER DE FORCER CERTAINES RENCONTRES 96
   L'INSTANT PRÉCÉDANT LA RENCONTRE 97
   GÉRER LES RÉPONSES NÉGATIVES 99

PARTIE 2 : LA RENCONTRE 103

GERER SES PEURS A L'APPROCHE D'UN RENDEZ-VOUS 107
LA PEUR DU REJET 107
L'ACCEPTATION DE SA DIFFÉRENCE 108
NE PAS ÊTRE À LA HAUTEUR 110
LE MANQUE D'ATTIRANCE 111
LA PEUR DU MANQUE DE COMPATIBILITÉ 112
LE SAUT DANS L'INCONNU 113
LA RÉPÉTITION DE L'ÉCHEC 114
LA PEUR DE L'ENGAGEMENT 115
LA NERVOSITÉ 116
LE MALAISE DES SILENCES 116
L'IMPORTANCE DE LA SÉCURITÉ DES RENCONTRES 118
POURQUOI LE PREMIER RENDEZ-VOUS N'EST JAMAIS PARFAIT 121
L'IDÉALISATION, FRUIT DU VIRTUEL 121
ACCEPTER LES IMPERFECTIONS 126
GÉRER LE POIDS DE L'INTENSITÉ 131
ACCORDER UNE DEUXIEME CHANCE 133
LES TECHNIQUES DE SEDUCTION TOXIQUES 137
L'INACCESSIBILITÉ 138
LE JEU DU CHAUD ET FROID 138
LA DÉVALORISATION 139
LA JALOUSIE 140
LA FAUSSE VULNÉRABILITÉ 141
LE MIMÉTISME 142
LA MISE EN SCÈNE 142
LA SEXUALISATION 143
DONNEZ L'ENVIE DE VOUS REVOIR 145
ASSURER LE RENDEZ-VOUS 145
ÊTRE AUTHENTIQUE ET ATTIRANT 149
MENER LA CONVERSATION 158
DONNEZ-LUI DES AILES 167
COMMUNIQUER AVEC TRANSPARENCE 168
LES COMPORTEMENTS À ÉVITER 170
GERER LES SITUATIONS GENANTES 175
MOMENTS DE FLOTTEMENTS 175
QUAND L'ANGOISSE SE MANIFESTE 177

QUAND PARLER DEVIENT COMPLIQUÉ 179
LE MANQUE D'ALCHIMIE 181
LES DIFFICULTÉS RELATIVES À LA FIN DU RENDEZ-VOUS 182
ABORDER LA FIN ET LA SUITE D'UN RENDEZ-VOUS 187
CHACUN RENTRE DE SON CÔTÉ 187
POURSUIVRE LE RENDEZ-VOUS ENSEMBLE 190
REPRENDRE CONTACT 193
GÉRER VOS ÉMOTIONS 195
VOTRE RENCONTRE PEUT-ELLE EVOLUER EN HISTOIRE ? 201
DÉCRYPTAGE DE VOTRE RENDEZ-VOUS 201
DÉTECTER L'ATTIRANCE 206
LA NAISSANCE DU SENTIMENT AMOUREUX 209
ÉVALUER VOTRE COMPATIBILITÉ 212
CONCLUSION 223
NOTES.. 226

Préface de David Boudjenah

En 2017, après 13 années de vie de couple, je me retrouve célibataire et complètement perdu dans le monde du dating. Je n'ai jamais eu l'occasion de « dater », ni de draguer puisque j'ai été en couple pendant de nombreuses années. Malgré mon expérience de vie de couple, j'ai le sentiment de repartir de zéro et je manque cruellement de confiance en moi. Habitant dans une ville de taille moyenne, je constate rapidement les limites des applications de rencontre, qui me répètent sans cesse : « Il n'y a plus personne à proximité ». Je fais également l'expérience du sentiment de frustration engendré par ces applications, qui mettent en avant des profils séduisants sans que je parvienne à obtenir un « match ». Je découvre donc le monde « merveilleux » des applications de rencontre qui, pour un homme, est synonyme de frustration et de désillusion. À cette période, un ami m'envoie une vidéo d'un coach en séduction et je commence à découvrir certains concepts dont j'ignorais l'existence. En tant qu'homme hypersensible, je ne me suis jamais considéré comme un mâle alpha et les conseils délivrés par ces coachs ne me semblaient pas adaptés à mon mode de fonctionnement. Je n'avais pas encore conscience que certains conseils peuvent être toxiques et que le plus important était d'être authentique. J'arrive tout de même à faire quelques rencontres grâce aux applications mais ces histoires ne durent pas. Les ruptures restent difficiles à vivre et je décide de commencer une thérapie. C'est au cours de cette thérapie que le psychologue met le doigt sur un élément qui allait changer ma vie. Je découvre que je suis HPI. Soudain, tout s'explique. Je finis par comprendre mon fonctionnement atypique qui m'a souvent fait me sentir différent des autres hommes à qui je me comparais en étant plus jeune. Quelques mois plus tard, pris par l'élan de cette révélation, je décide de me lancer dans la création d'un site de rencontre afin d'aider les personnes atypiques à trouver leurs semblables. Le fait de se sentir différent de la norme peut donner l'impression d'être un extraterrestre et générer des difficultés pour rencontrer des personnes qui nous correspondent. Même si l'on dit que les opposés s'attirent, j'ai la profonde conviction que l'on s'assemble mieux avec celles et ceux qui nous ressemblent. C'est ce qui est arrivé lorsque j'ai rencontré Delphine. J'avais enfin rencontré la personne avec qui j'avais une réelle connexion émotionnelle et intellectuelle. Deux aspects fondamentaux lorsque l'on a soi-même un fonctionnement atypique. Par la suite, Delphine a commencé à s'impliquer dans mon projet en écrivant divers articles sur les relations amoureuses, un sujet qui l'a toujours passionné. Après plusieurs années à travailler ensemble dans l'univers du dating, nous avons constaté que de nombreuses personnes étaient perdues, comme je l'ai été. C'est pourquoi, fort de nos expériences personnelles et professionnelles, nous avons souhaité écrire le livre « Dating Authentique » afin d'aider ces personnes à réussir leurs rencontres en ligne. Alors, j'espère sincèrement que vous trouverez toutes les clés pour vous aider dans votre quête, et que ce guide vous permettra de trouver la personne qui vous correspond, en restant vous-même.

David Boudjenah
Créateur de Atypikoo

Introduction

Imaginez un monde où près de 40 % des histoires d'amour commenceraient en ligne. Depuis 2020, cette réalité a vu le jour[1]. Toutefois, derrière ce chiffre prometteur se cachent souvent des expériences teintées de frustration et de déception pour les utilisateurs des plateformes de rencontres. Pourquoi un tel écart entre leurs attentes et leurs expériences ? Ces célibataires se heurtent souvent à une série d'obstacles déconcertants : manque de connexion et de compatibilité, rejet, jugement superficiel, ghosting, faux profils, exigences irréalistes, déception, répétition de leurs échecs... Face à ces difficultés, le livre « Dating Authentique » se présente comme un outil précieux si vous souhaitez entreprendre une relation amoureuse en ligne. Combinant des conseils pratiques et des astuces simples, cet ouvrage vous offre des clés essentielles pour maximiser vos chances de trouver un partenaire, et de gérer les situations problématiques qui pourraient survenir au cours de votre expérience.

En dehors du monde numérique, de nombreux endroits offrent des opportunités propices aux rencontres amoureuses : activités sportives, artistiques, associatives, bénévoles ; événements culturels, amicaux ; voyages en groupe ; speed dating, ; soirées jeux ; escape game... Fréquenter ces espaces d'échanges et de convivialité augmente vos chances de rencontrer un potentiel partenaire de vie. Qu'il s'agisse de clubs, d'espaces de co-working, d'ateliers, de soirées thématiques ou simplement de cafés tels que les bars à chats, ces lieux favorisent les interactions sociales. Cependant, le fait de côtoyer de nombreux individus dans divers environnements ne garantit pas de rencontrer la personne qui vous correspond. Par ailleurs, seulement 26 % des célibataires se sentent capables d'inviter quelqu'un à un rendez-vous dans la vie réelle[2]. De plus, les hommes redoutent le rejet, tandis que les femmes craignent le harcèlement. En comparaison, les sites de rencontres offrent une alternative pratique et efficace. Ils constituent désormais des outils incontournables dans l'univers du dating, offrant un vaste panorama de profils de célibataires et permettant un ciblage précis selon des critères spécifiques. Les statistiques le confirment : les soirées entre amis, dans des bars et boîtes de nuit, ainsi que le cercle professionnel ne représentent plus qu'un total de 35% des rencontres actuelles[3]. En 2022, plus de 366 millions de célibataires dans le monde utilisaient des services de rencontres virtuelles, et ce nombre devrait atteindre 440 millions d'ici 2027[4]. Face à cet essor fulgurant, il devient impératif de prendre conscience des enjeux et des défis inhérents à cet univers afin de tirer pleinement parti de ses avantages tout en évitant les éventuels écueils.

Depuis la création du premier site de dating *Match.com* en 1995, les attentes des célibataires ont considérablement évolué. Selon les statistiques, l'importance accordée à l'apparence physique a nettement diminué au fil du temps, tandis que l'authenticité constitue dorénavant la préoccupation principale des célibataires sur les plateformes de rencontres[5]. Aujourd'hui, cette notion semble devenir le pilier central des relations en ligne, prenant le pas sur les critères superficiels qui ont pu dominer par le passé[6]. Ce constat émerge après une décennie marquée par l'utilisation parfois excessive de filtres Instagram et de mises en scène sur les réseaux sociaux, dans le but de créer une image idéalisée de soi-même. Les célibataires aspirent à établir des connexions authentiques avec des individus sincères, à la recherche d'une véritable compatibilité émotionnelle et intellectuelle. Pour près d'un célibataire sur deux, une rencontre authentique signifie le fait de vivre l'instant présent, rester soi-même sans artifices, prêter une oreille attentive à son interlocuteur, assumer ses petits défauts et se libérer du regard d'autrui[7].

L'objectif de ce guide consiste à vous accompagner pas à pas pour appliquer votre souhait d'authenticité au cœur de vos interactions. D'une part, ce guide vous encourage à embrasser pleinement votre personnalité, et à communiquer de manière transparente vos attentes, vos besoins, et vos préférences, tout en restant fidèle à vous-même. D'autre part, cet ouvrage vous offre un éclairage précis sur la manière d'identifier les profils qui ne vous correspondent pas, et vous donne des clés pour évaluer l'attirance ainsi que la compatibilité potentielle avec vos interlocuteurs. Enfin, il propose des solutions pratiques pour aborder diverses situations, y compris les plus délicates, telles que la gestion d'un manque d'attirance ou la réaction face à une déception amoureuse, ainsi que des conseils pour éviter les impairs lors de votre premier tête-à-tête. Cet ouvrage aspire à vous guider à travers les étapes cruciales de votre quête amoureuse, depuis le choix éclairé d'une plateforme de rencontres, jusqu'à la création de liens authentiques et porteurs de sens. Prêt à transformer vos rencontres virtuelles en véritables histoires d'amour ?

DATING AUTHENTIQUE

PARTIE 1 : LA RECHERCHE

Environ sept célibataires sur dix ressentent un sentiment de pression exercée par leur entourage pour mettre fin à leur célibat[8]. Bien que la société considère de plus en plus ce statut non comme une anomalie mais comme un choix de vie, l'entourage des célibataires continue fréquemment de les encourager à prendre des mesures actives pour rencontrer un partenaire. Ce contexte peut vous inciter à entreprendre des démarches. Le déclic peut également se manifester suite à une séparation, l'envie d'un changement de vie, ou bien la volonté de vivre enfin sa toute première expérience sentimentale. Le fait de vous investir dans une relation dans le but de combler le vide de votre temps libre ou en vue d'échapper à la solitude pourrait, à terme, devenir pesant, en raison d'un sentiment de culpabilité lié à un manque d'engagement émotionnel ou de sincérité dans vos intentions. Par contre, le fait de trouver un partenaire avec qui vous sentez une vraie connexion et une alchimie naturelle peut vous apporter une profonde sensation d'épanouissement. Établir une connexion authentique avec un partenaire exige d'agir en harmonie avec vos sentiments et votre volonté de vous impliquer, selon le type de relation que vous envisagez ensemble. Pour éviter que votre quête vous oriente vers une véritable histoire et non à une impasse, vous devez au préalable comprendre les attentes qui animent votre recherche tout en équilibrant habilement vos besoins fondamentaux, vos désirs et vos exigences parfois trop idéalistes. Après la découverte d'un potentiel partenaire sur une application de rencontres, la première étape déterminante consiste à créer une connexion suffisamment forte pour évoluer progressivement vers une rencontre en suivant certaines étapes qui vont consolider votre lien. Commencez par réfléchir aux contours de votre recherche pour mieux comprendre l'univers des plateformes de rencontres pour en tirer le meilleur. Orientez-vous vers une plateforme qui correspond à vos attentes. Prenez en considération les atouts qui vont vous aider à vous distinguer des autres profils. Enfin, découvrez le fonctionnement des plateformes de rencontres pour adopter les ajustements utiles pour maîtriser votre recherche. Une fois ces premières étapes franchies, vous pourrez vous consacrer à établir et à entretenir des connexions sincères, ouvrant ainsi la voie à de belles rencontres dans le monde réel.

Témoignage de Loïc, 27 ans :

« Célibataire depuis quelques mois, je sens depuis peu que je suis à nouveau ouvert à la rencontre. J'ai le sentiment que depuis l'existence des sites de rencontre, l'émoi amoureux a disparu du quotidien et a été déplacé sur ces plateformes, donc je me suis inscrit sur trois sites. Trois, parce que je n'ai pas envie d'y passer des semaines et je sais que la bonne connexion amoureuse dépend d'une alchimie exceptionnelle, donc, autant se donner davantage de chances. Je réalise que tout repose sur la plastique physique, quelques préférences de vie et une phrase de description. La profusion de profils et de photos me fait penser à une vitrine, où la norme est de se vendre sous son meilleur jour, dans toutes les situations qui peuvent être sympa dans la vie. Oups, quand je vis des moments sympas, je ne pense pas à me prendre en photo. Il faut que je montre à quel point je suis plus beau, plus cool et plus avantageux que les autres mecs de l'appli. Dois-je vraiment entrer dans cette forme de mise en concurrence ? Je fais mon marché, je swipe à la poubelle une personne qui ne me convient pas, j'en mets une autre dans mon panier ; parce qu'elle est jolie, qu'elle a une pratique sportive occasionnelle et qu'elle aime le vin ? Pour qu'elle me remarque, je trouve la petite phrase d'accroche qui va l'interpeller et faire la différence. Je mets ma façon de penser de côté pour adopter la sienne, ça marchera mieux, non ? Par contre, je fais quoi avec les likes et les messages que je reçois des filles qui ne m'intéressent pas, je les mets à la poubelle ; je ne réponds pas, pourquoi s'embêter... ? Quant à mes matchs, à quel moment je propose un verre ? On a échangé quelques messages, des compliments sur nos profils, sur ce que l'on attend sur le site, sur les chiens et chats, sur nos films préférés, on y a mis un peu d'humour, c'est important d'être drôle, non ? Je n'aime vraiment pas les comportements que ces sites nous incitent à adopter. C'est moi qui suis bizarre ou ça convient à la majorité ? » Suite du témoignage page 107.

Chapitre 1 :
Cibler la plateforme de rencontres qui vous correspond

Au-delà de son terme descriptif et générique, le nom « site de rencontre » englobe en réalité une grande variété de types et d'univers qui confèrent à chaque plateforme sa spécificité et son identité. Face à l'abondance des sites de rencontres, identifier celui adapté à votre situation peut constituer un élément déterminant pour découvrir des personnalités intéressantes et avec qui vous pourrez développer plus facilement une connexion. Sélectionner le site adéquat s'avère primordial pour optimiser le temps consacré à vos recherches et peut aussi maximiser vos chances de rencontrer une personne en parfaite harmonie avec vos aspirations. Pour autant, il semble judicieux de réfléchir au nombre de sites que vous souhaitez utiliser et de vous assurer que votre choix résonne véritablement avec vos besoins.

IDENTIFIER SES ATTENTES

Pour orienter correctement votre choix vers une application de rencontres, il importe d'entreprendre une introspection approfondie dans le but de déterminer les objectifs et les limites de votre recherche. Souhaitez-vous rencontrer un partenaire qui souhaite s'engager dans une relation sérieuse ou non ? Ressentez-vous le besoin de partager vos convictions religieuses, votre enthousiasme pour le sport, votre intérêt pour la préservation de la nature, ou encore votre passion pour les jeux vidéo… ? Toutes ces hypothèses peuvent vous aider à cerner avec précisions le site qui répondra à vos besoins. En effet, il existe des applications dédiées à des intérêts spécifiques, permettant ainsi de connecter les personnes partageant les mêmes intérêts. La prise en compte de votre situation peut également vous aider à sélectionner le site adapté à votre mode de vie. Si vous habitez dans une zone isolée, privilégiez l'utilisation de sites généralistes pour trouver plus de profils dans votre périmètre géographique. Cela ne vous empêche pas de tester des sites spécialisés en fonction de vos intérêts, mais vous risquez d'y trouver une sélection plutôt réduite de profils à proximité. Par ailleurs, si vous manquez de temps à consacrer à votre recherche amoureuse, vous pouvez utiliser des applications qui proposent des mises en relation avec des profils qui vous correspondent grâce à des questionnaires de personnalité. En outre, il existe également des applications dédiées à d'autres types de situations, comme aux parents solos. Vous pouvez prendre connaissance des différentes possibilités qui existent pour identifier ce qui vous correspond.

BREF PANORAMA DES APPLICATIONS

Les applications de dating ont révolutionné la façon dont les personnes se rencontrent. Selon les dernières statistiques, il existe plus de 8 000 sites de rencontres dans le monde, et 2 000 en France[9], et ce nombre ne cesse de croître. Face à tant de possibilités, il peut s'avérer difficile de choisir une appli. Certaines se distinguent des autres et attirent massivement les individus alors que d'autres se spécifient de manière plus ciblée.

Les applications de rencontres « grand public »

Connue pour son invention du système du swipe et du match, *Tinder* (qui signifie « allume-feu » en anglais) a révolutionné le monde des rencontres en ligne avec une approche ludique. Peu après son lancement en 2012, *Tinder* devient rapidement l'application la plus populaire du marché du dating. À ses débuts, *Tinder* renvoyait une image sulfureuse associée aux relations sans lendemain. Aujourd'hui, cela a changé, mais cette réputation perdure.

Lancée en 2014, *Bumble* devient de plus en plus populaire en France. Elle se distingue des autres applications en donnant aux femmes le pouvoir d'effectuer le premier pas. Les femmes disposent donc de 24 heures pour envoyer un message après un match, sinon la connexion disparaît. *Bumble* propose également des fonctionnalités pour les rencontres amicales et professionnelles.

Hinge a émergé ces dernières années pour devenir un sérieux challenger dans le monde des applis de dating. Elle se distingue, notamment, par la possibilité de créer un profil plus détaillé. Contrairement aux autres applications qui utilisent le swipe pour consulter les profils, *Hinge* propose de les découvrir un par un et de pouvoir envoyer des messages sans matcher. Grâce à son système de recommandation élaboré, *Hinge* peut augmenter vos chances de trouver un partenaire compatible.

Lancée en 2014 par un français, *Happn* utilise la géolocalisation pour aider ses utilisateurs à retrouver les personnes qu'ils ont croisées sur leurs trajets quotidiens. Grâce à son concept original, *Happn* a réussi à se hisser dans le top des applications de dating les plus utilisées dans le monde. L'application s'adresse plutôt aux célibataires qui habitent dans des grandes villes et qui se déplacent souvent.

Les applications de rencontres « de niche »

Les applications de rencontres « de niche » se développent de plus en plus, offrant aux utilisateurs la possibilité de trouver des partenaires en fonction de leurs intérêts, de leur mode de vie ou de leur orientation sexuelle. Ces sites souhaitent notamment rassembler des communautés spécifiques, telles que les végétariens, les amateurs de musique, les personnes neuroatypiques ou la communauté LGBTQIA+. Ces plateformes offrent plusieurs avantages par rapport aux sites de rencontre généralistes car elles permettent aux utilisateurs de trouver des partenaires qui partagent leurs opinions ou des valeurs similaires, ce qui peut conduire à des relations plus durables.

Concernant la communauté LGBTQ+, il existe des applications de rencontre spécifiques telles que *Grindr* et *Her* : *Grindr* pour les hommes gays et bisexuels, et *Her* pour les femmes lesbiennes, bisexuelles et queer.

Pour les amateurs de musique, *Turn Up*, application française, se distingue par son approche basée sur les préférences musicales des utilisateurs. Pour cela, il suffit d'indiquer vos artistes, chansons, styles musicaux préférés et l'application pourra vous suggérer des personnes qui partagent vos goûts musicaux.

Pour les végans et les végétariens, il existe *Veggly* ou *Grazer*. Ces applis permettent aux utilisateurs de trouver des personnes qui partagent leur régime alimentaire et leurs valeurs.

Pour les personnes qui se sentent en décalage avec la norme, il existe *Atypikoo*, un site de rencontres destiné aux profils atypiques (Hypersensibles, HPI, TSA, DYS, TDAH). *Atypikoo* propose également de nombreuses sorties de groupes permettant aux membres de faire des rencontres amicales.

Face aux multiples applications disponibles, vous pouvez vous demander s'il convient de toutes les explorer simultanément pour maximiser vos chances ou de limiter leur utilisation pour concentrer vos recherches sur les profils qui vous correspondent.

COMBIEN DE SITES TESTER EN MEME TEMPS ?

Techniquement, s'inscrire simultanément sur l'ensemble des sites de rencontres s'avère irréalisable au regard de la profusion de plateformes accessibles. Toutefois, utiliser plusieurs sites en même temps permet de juxtaposer leurs fonctionnalités et leurs univers. Cette expérience peut vous aider à identifier les sites qui vous conviennent. Cependant, évitez d'en utiliser plus de trois de manière concomitante. Ce choix vous aidera à rester concentré sur les connexions et les discussions que vous engagez. En effet, l'inscription sur plusieurs sites peut entraîner des aspects négatifs tels que l'impression d'envahissement par l'abondance d'alertes et de messages reçus. Vous pourriez aussi ressentir l'impression de perdre votre temps à parcourir les profils sans trouver ce que vous cherchez. Vous pourriez aussi éprouver de la monotonie à recroiser les mêmes membres sur chacune des plateformes. Une saturation peut aussi s'installer en réaction à l'exposition permanente aux données, profils, images... Si vous sentez de la lassitude, envisagez de réduire le nombre d'applications que vous utilisez ou le temps que vous leur consacrez. Ce genre de dissonance peut également provenir du fait que vous utilisez un site non adapté à votre personnalité.

SAVOIR SI VOUS UTILISEZ LE SITE QUI VOUS CORRESPOND

Afin de déterminer si un site correspond véritablement à vos aspirations, accordez-vous un moment pour évaluer votre expérience. Vérifiez si les profils attirent votre attention, sondez les possibilités de connexion, vérifiez que vous recevez des messages de qualité et que vous vous sentez serein et en confiance sur la plateforme que vous utilisez.

Évaluer la quantité de profils

L'atout majeur d'une plateforme de rencontres réside dans sa capacité à vous proposer de multiples profils autour de vous. Imaginez si vous pouviez vous connecter avec la totalité des célibataires de votre périmètre de lieu de vie, cela constituerait un gain de temps précieux pour trouver un partenaire. Certes, tous les célibataires ne figurent pas sur les applications de rencontres, mais cela ne vous empêche pas, malgré tout, de découvrir potentiellement de nombreux profils intéressants. Certaines situations contraignent vos possibilités de recherche à une zone géographique délimitée. Cela concerne par exemple la garde d'enfants, la proximité avec un parent malade ou une obligation professionnelle. Ce type de situations vous contraint donc à effectuer vos recherches dans la zone de votre lieu de vie. Dans cette hypothèse, gardez à l'esprit qu'un périmètre trop restreint peut limiter considérablement vos chances de rencontres. Donc si vous constatez que le choix de profils se révèle trop limité, prenez soin d'ajuster le bon équilibre entre les efforts de distance que vous acceptez d'entreprendre et l'amplitude des profils que vous pourriez découvrir. Le nombre de célibataires inscrits sur les plateformes de dating dans la zone définie peut vous aider à trouver le bon compromis. N'hésitez pas à tester différents filtres de distance en augmentant progressivement le périmètre de la zone géographique. Enfin, n'oubliez pas que pour trouver le bon partenaire, il faut parfois éclipser la peur de la distance, mettre de côté le nombre de kilomètres et vous concentrez uniquement sur le choix du profil qui vous conviendrait. Plus vous acceptez d'élargir le périmètre de vos recherches, plus vous maximisez la possibilité de rencontrer un partenaire qui vous correspond vraiment, à condition que les profils de célibataires suscitent votre intérêt.

Évaluer la qualité des profils

Le défilement des profils de célibataires sous vos yeux peut vous laisser indifférent ou attirer votre curiosité. Dans la première hypothèse, cela peut constituer un signe que vous perdez votre temps. Dans le second cas, cela favorise vos chances de créer des connexions pertinentes et de croiser la route d'une personne en phase avec vos attentes et vos aspirations. Cela implique d'attirer leur attention et de recevoir des messages de leur part.

Témoignage de Pierre, 28 ans :

« Je ne saurais dire ce qui me touche précisément dans telle ou telle description, parfois une description honnête, parfois une passion qu'on ressent à travers les mots, ou bien, un profil ressemblant au mien, une personne qui sait ce qu'elle cherche... Tous ces éléments et bien d'autres encore, me donnent envie de connaître la personne, et d'échanger avec elle. Je ne peux pas me contenter de relations superficielles. Je fais plus de recherches sur une personne avant d'entamer une relation sérieuse que si je devais m'acheter un nouveau portable. »

Mesurer les opportunités d'interaction

Le ressenti de votre expérience dépend principalement de la présence ou l'absence d'émulation autour de votre profil. Quand il ne se passe rien, c'est-à-dire, aucune interaction ni message reçu, il semble évident que quelque chose dysfonctionne. Cela peut concerner votre profil ou bien le manque d'affinités avec les autres membres du site. Au contraire, si votre profil suscite spontanément de l'intérêt et que vous recevez des notifications de matchs et de messages, cela constitue un indicateur positif. Néanmoins, cela implique également la nécessité que les profils vous intéressent et que les messages reçus vous donnent envie d'y répondre.

Examiner la pertinence des échanges

La réussite de la communication sur un site de rencontres se mesure davantage en termes de qualité qu'en termes de quantité. Le fait de recevoir un très grand nombre de messages dépourvus d'intérêt amoindrit considérablement la motivation d'y répondre. Par contre, une correspondance captivante et fluide donne envie de maintenir la discussion et d'approfondir la relation. Ces conversations vous permettent non seulement de mieux connaître vos interlocuteurs, mais également d'échanger sur des sujets passionnants, favorisant ainsi des liens plus profonds et une meilleure compréhension mutuelle. La qualité de vos relations témoigne, en partie, de votre épanouissement sur la plateforme.

Écouter son ressenti

Lorsque vous explorez un site de rencontres, vous échangez avec des inconnus d'horizons très variés. Cette diversité implique parfois des interactions avec des individus dont la sensibilité ou le fonctionnement diffère du vôtre. Ces différences peuvent se traduire par des formes de communication déroutantes. Vous pourriez, par exemple, vous retrouver confronté à des situations d'insultes, de rejet, ou de malentendus. Ce type d'expérience fournit des indications utiles pour évaluer si vous vous sentez bien sur la plateforme que vous utilisez. Le fait de ne pas se sentir assez attirant ou intéressant peut vous alerter sur le fait que vous côtoyez le mauvais univers. Demandez-vous avec quel type de personnes vous aimeriez échanger et cherchez le site qui répondra à ce besoin. Choisir un site de rencontres qui vous convient constitue une étape cruciale dans votre quête de l'amour en ligne. En identifiant vos besoins et vos attentes, en tenant compte de votre situation personnelle et en évaluant régulièrement votre expérience, vous augmenterez vos chances de rencontrer des personnes qui vous intéressent. Gardez à l'esprit que la patience demeure cruciale ; trouver la personne qui vous correspond peut nécessiter du temps. Pour orienter vos recherches, il faut commencer par identifier le type de personne que vous recherchez.

Chapitre 2.
Chercher le bon partenaire

La première utilisation d'un site de rencontres peut susciter un mélange d'impressions contradictoires face à la multitude de profils qui s'affichent sous vos yeux. D'un côté, vous pouvez ressentir l'espoir de trouver une personne qui vous correspond ; d'un autre côté, votre esprit peut freiner votre ardeur en laissant surgir des doutes et des incertitudes. Ces questionnements peuvent concerner la question de l'éclosion délicate de l'attirance réciproque ou bien votre capacité à identifier le bon partenaire ou enfin à effectuer le bon choix amoureux. Les premiers instants sur une application entraînent généralement une impression d'effervescence et d'émerveillement car vous découvrez de nombreux profils qui peuvent potentiellement vous plaire. La jubilation de découvrir de nombreux profils intéressants peut malheureusement se métamorphoser en désillusion. En effet, il ne faut pas négliger les nombreux aspects qui peuvent vous décevoir : une incompatibilité de vos modes de vie ou de vos valeurs, un manque de transparence sur les intentions réelles, des comportements déconcertants, des faux profils… Si vous souhaitez rencontrer une personne qui vous correspond vraiment, vous devez prendre le temps de réfléchir à votre recherche pour effectuer la bonne sélection de profils. Cette réflexion peut vous aider à cerner vos attentes et vos besoins dans une relation. Comment visualisez-vous votre partenaire idéal : quel type de personnalité ? Introverti, extraverti, épicurien, hédoniste, sociable, aventurier… Quel mode de fonctionnement ? Organisé, impulsif, bohème, non-conformiste … Ses centres d'intérêt ? Le sport, la culture, la philosophie, les séries TV, les jeux vidéo… Ses valeurs et convictions ? Athée, croyant, impliqué dans le milieu associatif ou politique… Ses objectifs de vie ? Choix de carrière, famille, projets futurs… Ces réflexions approfondies peuvent vous aider à affiner votre recherche et vous aider à économiser du temps et de l'énergie en établissant des contacts uniquement avec les célibataires avec lesquels vous pressentez la possibilité d'établir une relation constructive. En définissant clairement vos attentes, vous parviendrez à mieux imaginer votre partenaire compatible et à évaluer si des similarités ou des différences apporteraient plus d'harmonie dans votre relation. Enfin, gardez à l'esprit la nécessité de toujours questionner la compatibilité avec votre prétendant idéal ou réel, pour vous assurer qu'il corresponde véritablement à vos besoins.

LES CLES POUR MENER SA RECHERCHE

De manière consciente ou inconsciente, la recherche de votre partenaire idéal se conditionne à vos attentes et à vos désirs. Sans le savoir, cette recherche puise souvent sa source dans un ensemble d'éléments, tel que le souvenir d'un amour d'enfance, une personnalité qui vous plaît, un regard que vous avez croisé… Ces repères peuvent vous aider à bien distinguer le type de personne qui vous attire parmi les profils d'inconnus qui défilent sous vos yeux sur une application. Il existe des milliards de personnes sur terre et autant de physiques et de personnalités. Donc pour éviter de prendre en considération toutes les possibilités, il vaut mieux connaître le type de personne que vous appréciez pour orienter correctement votre recherche. Si vous ignorez dans quelle direction vous orienter en matière de critères amoureux, vous pouvez aussi vous laisser porter par la découverte fortuite de profils. Cela peut vous aider à cerner naturellement le portrait de la personne qui vous plaît. Discerner le type d'individu qui pourrait vous correspondre demeure parfois un défi. Pour percer le mystère du choix amoureux qui vous conviendrait, vous pouvez commencer par évaluer vos besoins et vos aspirations. Cette question constitue un point d'ancrage important pour vous connaître avant de franchir le passage du pont qui vous sépare d'une ou d'un inconnu.

Rester à l'écoute de ses besoins

La compréhension et l'affirmation de vos besoins constituent le point de démarrage d'une histoire épanouissante. En effet, si vous entamez une relation sans en tenir compte, vous risquez de découvrir trop tard que vous ne parvenez pas à vous sentir en phase avec l'autre. Par conséquent, dès aujourd'hui, prenez le temps d'identifier vos priorités dans une vie de couple. Il peut s'agir de votre besoin d'espace ou d'indépendance, comme le fait de rester seul à des moments, ou le souhait de vivre séparément, partir seul en vacances, voir vos amis sans votre partenaire. Cela peut aussi concerner votre besoin de communication constante, de tout partager avec l'autre. Il peut également s'agir de votre exigence en termes de propreté et de rangement concernant votre futur espace de vie commun. Cela peut aussi concerner votre besoin de relations sociales et d'activités extérieures. Vos besoins peuvent aussi concerner votre sexualité, comme le fait de ne pas ressentir de désir sexuel, ou bien des préférences ou des attentes précises. Cela peut aussi concerner votre besoin d'exercer des activités sportives extrêmes ou de voyager aux quatre coins du monde. La gestion du temps et des priorités dépendent de chacun, par contre vos besoins respectifs peuvent constituer un pacte au sein de votre couple pour respecter vos modes de fonctionnement et vos aspirations. Par ailleurs, prenez également le temps de réfléchir au type de relation que vous recherchez : une histoire éphémère, sans engagement, polyamoureuse, sérieuse, en vue de se marier ou de fonder une famille. Veillez à vous assurer de l'adéquation de votre choix avec vos besoins. Si votre nature indépendante vous empêche systématiquement de poursuivre une relation sérieuse, ne cherchez pas à vous entêter à viser ce type relation alors que cela ne vous convient pas. Le fait d'identifier et d'affirmer vos besoins permet de vous assurer que vous pourrez construire une relation de couple en adéquation avec votre personnalité et votre mode de fonctionnement. Négliger vos besoins conduirait inéluctablement à vous priver de ce qui compte pour vous et finirait par peser sur votre relation à coup de reproches et de critiques.

La protagoniste principale du film « Past lives[10] » utilise une métaphore pour décrire sa vision du couple : « c'est comme planter deux arbres dans un pot, il faut que chacun trouve sa place dans un pot unique où grandissent et évoluent les racines de chacun ». Cette comparaison permet de visualiser l'image d'un couple harmonieux. Chacun doit évoluer de manière autonome, poursuivre son parcours tout en s'adaptant à l'autre pour lui laisser la place et le choix d'évoluer à sa manière. Si les racines de l'un des partenaires meurent, cela signifie que l'un des deux n'a pas su les maintenir en vie car il a ignoré ses besoins ou bien que l'autre a empiété sur ses racines à force de négliger son mode de fonctionnement.

Témoignage de Manu, 50 ans :

« Mon parcours amoureux a été chaotique et en apparence totalement incohérent et décousu. À l'aube de mes 50 ans, je peux compter 6 relations qui ont vraiment compté mais un nombre incalculable d'aventures sans lendemain, d'expériences intimes parfois aux limites du raisonnable. Encore aujourd'hui, je cherche à assembler les pièces de ce gigantesque puzzle affectif, fort de plus de 14 ans de thérapie. Deux de ces relations m'ont conduit jusqu'au mariage. Le premier a pris fin au bout de 4 ans. Je me rends compte que je m'étais juste plié à des conventions sociales pour pouvoir entrer dans un costume de normalité et de respectabilité aux yeux de la société. Le second est en cours de divorce. Là aussi, quelle a été mon erreur ? Avoir retenté le coup de la normalité ? M'être moi-même persuadé que ce que je ne désirais pas finirait par me convenir avec le temps ? Je ne trouvais aucune satisfaction au sein de ma sphère amoureuse et intime. Pourtant je persévérais, je ne voulais pas m'avouer vaincu, je ne voulais pas échouer moi qui réussissait tout dans ma vie professionnelle et intellectuelle. Mais je ne faisais qu'échouer à chaque fois que je tentais de m'adapter, je ne faisais qu'aggraver les choses et les rechutes étaient de plus en plus dures. J'ai consulté une psychiatre qui m'a aidé à me comprendre, à me construire, me reconstruire. Mon objectif n'était pas de refaire ma vie, mais de trouver ma vie, la mienne, seul avec moi-même. Je ne voulais plus souffrir, et surtout je ne voulais plus faire souffrir personne. »

Au sein d'une relation, vous pouvez rester ouvert aux ajustements et aux compromis avec votre partenaire, mais apprenez aussi à préserver ce qui compte pour vous afin que votre relation puisse évoluer de manière sereine et sans heurts. En complément de l'identification de vos besoins, vous pouvez également distinguer vos attentes en vue d'affiner votre quête vers le bon profil de partenaire.

Identifier ce qui compte pour soi

L'éclosion d'un sentiment amoureux se produit grâce à l'émergence d'une attirance réciproque. Quand ce phénomène se produit, cela signifie que vous correspondez à ce que l'autre espérait trouver chez un partenaire et que vous ressentez cette évidence de manière réciproque. Pour atteindre cet objectif, il faut au préalable comprendre ce qui vous attire chez un partenaire potentiel afin de vous engager avec prudence et discernement dans une relation. La naissance de votre attirance pour quelqu'un dépend généralement d'un ensemble d'éléments constitués par des caractéristiques physiques, de traits de personnalité, ainsi que des points communs. Au-delà de l'attirance physique, vous pouvez par exemple souhaiter rencontrer une personne qui partage la même envie de fonder une famille, de vivre à l'étranger ou qui partage vos convictions politiques ou religieuses. Ces points de convergence peuvent vous aider à effectuer la bonne sélection de profils en retenant uniquement ceux qui partagent vos aspirations. Pour identifier les caractéristiques essentielles que vous aimeriez trouver chez un partenaire, vous pouvez vous aider de vos expériences antérieures. Par exemple, en vous remémorant vos relations amoureuses précédentes, vous pouvez identifier le tempérament, la manière d'agir, les qualités que vous appréciez chez une personne. Cette analyse peut s'étendre à votre réseau amical et à tous les contextes où vous avez apprécié passer du temps avec des personnes. L'objectif de cet examen consiste à identifier et prendre conscience du type de personnalité avec qui vous aimez partager des événements exceptionnels et quotidiens. Cela permet aussi de distinguer les attentes qui vous semblent indispensables et celles moins importantes pour identifier le niveau d'importance parmi vos espérances. Par exemple, vous aimeriez rencontrer une personne plus petite ou plus grande que vous, mais ce critère perd son importance du moment qu'il ou elle partage le même rêve que vous, comme l'achat d'un bateau ou d'une tiny house. Pour y voir plus clair, vous pouvez répertorier les aspects qui comptent pour vous, il peut s'agir de la situation professionnelle, par exemple, imaginez-vous former un couple avec un ouvrier, un employé au salaire modeste, un accro au travail, un chef d'entreprise qui galère malgré son dévouement total ? Posez-vous ces questions. Cela peut aussi concerner le mode de pensée qui peut vous attirer ou vous repousser en fonction de votre capacité à adhérer à une philosophie hédoniste, matérialiste, carriériste, capitaliste, complotiste, pessimiste... Le physique constitue aussi un point fondamental en fonction de vos préférences pour un type de silhouette, des traits de visage, une attitude... Certaines attitudes peuvent aussi vous séduire ou vous déplaire, comme un comportement trop sérieux, collant, dépendant, désinvolte, nonchalant, aventurier, trop attentionné... La situation familiale peut également déterminer votre envie de vous engager en fonction du contexte : divorcé, veuf, veuve, avec ou sans enfants... Un mode de vie peut aussi vous convenir ou vous refroidir lorsque vous apprenez qu'il ou elle mange uniquement healthy (sain), vegan, bio, végétarien, s'il ou elle fume, boit de l'alcool, consomme de la drogue... D'autre part, certains principes peuvent vous sembler incontournables pour envisager une vie en commun, comme le fait de partager des valeurs de respect, d'honnêteté, de tolérance, d'écoute, et de confiance... Le fait de partager la même vision et des points communs avec un potentiel partenaire facilite votre capacité à vous projeter. Cette harmonie peut vous éviter de devoir trouver un terrain d'entente ou de demander à l'autre de s'adapter à votre mode de vie ou l'inverse. Étant donné que les points communs unissent, vous pouvez vous demander s'il faut impérativement chercher l'âme sœur qui refléterait exactement votre personnalité.

L'ATTRAIT DES CONTRAIRES ET DES RESSEMBLANCES

Vous pouvez distinguer une forme de yin et de yang lorsque vous observez un couple formé de deux personnalités qui vous semblent opposées. Il existe divers exemples : l'un bavard, l'autre taciturne, un gourmand avec une frugale, un extraverti avec un timide. La question de la complémentarité dans un couple peut vous interpeller, pensez-vous pouvoir mieux vous épanouir avec une personne qui partage votre fonctionnement ou avec quelqu'un qui équilibrerait votre personnalité avec des caractéristiques opposées ? Dans le cas où vous avez un profil atypique, faut-il chercher un partenaire qui partage votre mode de fonctionnement ? Par ailleurs, considérez-vous qu'un écart d'âge pourrait vous empêcher de vous engager dans une relation ?

Chercher son opposé ou son double

Selon une étude publiée dans la revue *Nature Human Behaviour*[11] la compatibilité amoureuse ne réside pas dans la différence mais dans la ressemblance. En somme, les individus gravitent et convergent naturellement vers des personnes similaires qui partagent les mêmes goûts et fonctionnements. Par ailleurs, cette connivence entraîne un meilleur épanouissement dans leurs relations. L'étude publiée souligne également le fait que les couples hétérosexuels tendent à partager les mêmes opinions politiques, religieuses et le même milieu social ainsi qu'une absence ou une consommation similaire de tabac ou d'alcool. Par ailleurs, selon d'autres chercheurs américains, les individus recherchent des partenaires présentant des traits similaires de visages, il s'agit de l'homogamie[12]. Cela ne signifie pas pour autant que l'adage « les opposés s'attirent » perde tout sens. En effet, les différences dans un couple peuvent concerner qu'un aspect minime de la relation. Par exemple, un couple formé d'une personnalité réservée et extravertie peut vous sembler désaccordé mais vous pouvez ignorer qu'ils partagent tous les deux la même religion et que leur foi les lie d'une façon très profonde. Dans ce cas, leurs convictions religieuses transcendent leurs traits de caractères différents. En effet, la structure d'un couple repose généralement sur un socle commun qui leur permet de partager un projet ensemble. Par conséquent, si vous recherchez un partenaire pour contrebalancer vos difficultés quotidiennes, gardez à l'esprit que cela ne constitue pas un levier suffisant pour vous épanouir dans une vie à deux. Concrètement, si vous cherchez un partenaire talentueux en cuisine pour arrêter de commander à emporter, cela ne garantit pas que la personne vous corresponde suffisamment pour évoluer ensemble de manière épanouissante. Veillez à adopter le bon discernement pour analyser ce qui compte le plus à vos yeux. Préférez-vous savourer des plats cuisinés par une personne avec qui vous ne partagez aucune passion ou activité ou continuer à manger des plats livrés avec une personne avec qui vous organisez de nombreux projets ensemble ? De même, vaut-il mieux choisir un partenaire qui partage votre mode de fonctionnement ?

Quel partenaire quand on est atypique ?

Un profil atypique implique souvent un mode de fonctionnement particulier : sensibilité sensorielle, émotions exacerbées, recherche d'intensité, hyperactivité, besoin de petits rituels... Sans que cela ne constitue un frein pour construire une relation, il faut quand même prendre en compte vos particularités. Vous pouvez former un couple très heureux avec une personne non-atypique du moment que chacun respecte le fonctionnement de l'autre. Cela implique de communiquer et d'expliquer respectivement ses besoins, ses envies et ses limites. Avec un partenaire réceptif, compréhensif et tolérant, la relation peut s'épanouir pleinement. Néanmoins, trouver un partenaire attentionné et patient qui accepte votre singularité demeure parfois un défi. L'incompréhension ou le manque de tolérance peut conduire à des tensions et des conflits. Il n'existe pas de règle absolue, mais en général, les personnes atypiques se comprennent mieux entre elles et peuvent construire de manière plus évidente une relation épanouissante. Malgré leur mode de fonctionnement différent, elles se comprennent plus rapidement et facilement et peuvent se montrer plus compréhensives et respectueuses. Cette compréhension mutuelle peut faciliter la construction d'une relation bienveillante, car les partenaires partagent souvent des expériences similaires liées à leurs particularités, comme le besoin d'isolement, les moments d'anxiété, l'obsession pour des passions ou des projets, les problèmes de sommeil, le manque d'énergie, les problèmes de concentration et les inattentions... Ce qui importe le plus dans une relation concerne la capacité de s'accepter mutuellement l'un et l'autre, de s'écouter et de s'adapter aux besoins de chacun. Une relation enrichissante repose sur la volonté de grandir ensemble, d'apprendre l'un de l'autre et de créer un espace où chacun peut s'épanouir individuellement et conjointement. La différence peut aussi concerner d'autres aspects comme la question de l'âge.

L'amplitude de l'écart d'âge

Les applications et les sites de rencontres permettent de sélectionner une tranche d'âge pour affiner la recherche de profils. Si théoriquement vous pensez ne pas ressentir de gêne à fréquenter une personne plus jeune ou âgée que vous, veillez à prendre en compte les éventuelles conséquences qui peuvent en découler : différence de maturité émotionnelle, ambitions professionnelles désynchronisées, perspectives et projets en décalage... Pour autant, l'écart d'âge ne devrait pas entraver votre désir de relation avec un potentiel partenaire avec qui vous vous sentez véritablement en phase. Néanmoins, reconnaître les réalités d'une différence d'âge s'avère crucial. Veillez donc à anticiper les impacts futurs tels que les différences dans les étapes de vos vies, les défis de santé ou les autres préoccupations pragmatiques du quotidien. Aborder ces sujets délicats permet de vous impliquer avec votre partenaire en connaissant bien la configuration de votre relation. L'écart d'âge peut constituer une barrière dans l'évolution d'une relation, mais d'autres éléments peuvent s'avérer encore plus problématiques pour tisser un lien affectif, comme le fait de manquer de discernement pour choisir le bon partenaire.

ANALYSER SI VOTRE CHOIX AMOUREUX VOUS CORRESPOND

Le désir ressenti pour quelqu'un n'entraîne pas intrinsèquement la signification que cette personne vous convient réellement. Par ailleurs, cela ne signifie pas forcément que vous parviendrez à construire une relation épanouissante ensemble. Veillez à toujours mettre en perspective trois éléments qui constituent une relation équilibrée : vous, votre partenaire et le lien qui vous unit. Pour que ce trio fonctionne correctement, il faut pouvoir tracer une ligne qui rejoint ces trois entités. Si l'une de ces trajectoires se heurte à des blocages, cela rend impossible l'alignement de ces trois entités. Cela signifie que la relation ne peut pas se développer dans ce contexte. Concrètement, par exemple, vous ressentez de l'attirance pour une personne qui partage des sentiments réciproques pour vous mais qui se trouve déjà engagée dans une relation sentimentale. Il manque donc un segment essentiel du schéma pour concrétiser la relation. Dans un autre cas, vous développez un lien affectif avec une personne dont le comportement distant vous empêche de voir un avenir commun. Dans cette hypothèse, le segment entre vous deux semble inexistant. Prendre du recul permet de comprendre les aspects qui empêchent une relation de se développer, il s'agit parfois d'une difficulté à percevoir correctement la réalité car vous convoitez une chimère ou une personne bien réelle mais qui se joue de vous.

Prendre de la hauteur

Vous connaissez certainement une personne dans votre entourage qui vise un idéal amoureux très haut. À l'inverse, vous connaissez certainement une personne qui place le curseur de ses attentes trop bas. La première personne demeure probablement célibataire, tandis que la seconde vit certainement avec un partenaire qui ne lui correspond pas réellement. Entre ces deux situations extrêmes, où vous situez-vous ? D'un côté, le fait de vous orienter vers un partenaire « par défaut » risque de vous entraîner dans une situation de frustration et de doutes. D'un autre côté, la recherche d'un partenaire idéal peut vous maintenir dans un espoir illusoire qui vous éloigne d'une véritable rencontre. La recherche de l'équilibre constitue généralement la bonne méthode pour effectuer le bon choix. Entre la volonté de trouver le partenaire parfait et la résignation de céder à un compagnon par convenance, il existe certainement un niveau de compromis et d'exigences acceptables pour atteindre le bon ajustement. Pour y parvenir, vous pouvez vous appuyer sur l'analyse de votre passé et de vos aspirations futures pour vous confronter à la question de la pertinence de vos désirs.

L'IDÉAL AMOUREUX

Le fait de dresser le portrait type de votre idéal amoureux permet d'avancer vers un objectif clair et défini pour cadrer vos recherches. Néanmoins, si personne ne correspond à votre objet de fantasme, vous conserverez le statut de célibataire le temps que vous poursuivrez cette quête. Cet idéal, souvent inaccessible, peut s'incarner dans différentes identités : votre meilleur ami, votre collègue de travail, votre supérieur hiérarchique, mais aussi prendre la forme d'une figure à la fois proche et lointaine de votre quotidien dans l'hypothèse où vous ressentez du désir pour un chanteur, une mannequin, un comédien... Ces personnalités charismatiques, auréolées de gloire et couronnées de succès peuvent évidemment vous attirer mais elles représentent une image publique qui ne correspond probablement pas à leur réalité quotidienne. Ce qui signifie, dans ce cas, que vous ressentez de l'attirance pour un objet de marketing soigneusement orchestré pour séduire et générer du rêve et de la convoitise.

« *Qui recherche la lune, ne voit pas les étoiles.* »

Proverbe français

Pour retrouver la terre ferme, identifiez ce qui vous séduit parmi les individus de votre quotidien. Cette démarche vous permettra d'observer un panorama d'individus plus accessibles. Si votre intérêt se manifeste pour un partenaire potentiel, veillez à prendre en considération votre expérience antérieure et votre vision de l'avenir pour analyser si votre choix s'avère approprié. Ces repères peuvent vous aider à confirmer ou infirmer votre impression de vous orienter vers le bon partenaire.

APPRENDRE DU PASSÉ, CONSTRUIRE L'AVENIR

Analyser le passé et le futur peut vous aider à évaluer votre compatibilité. Par exemple, si vous apprenez qu'il ou elle possédait un tempérament colérique et capricieux, pensez-vous que cela appartient uniquement au passé ou que cela pourrait resurgir ? Le fruit de cette réflexion peut vous aider à anticiper d'éventuelles difficultés dans votre couple. En outre, le fait d'examiner vos expériences amoureuses antérieures peut également vous donner des pistes de réflexion. Si vous parvenez à identifier les éléments qui ont conduit à une rupture, vous pouvez ainsi réajuster vos préférences pour éviter un nouvel échec. Cet exercice peut vous aider par exemple à réaliser que votre attirance pour le même type de personnalité vous conduit systématiquement à une impasse. D'autre part, comment imaginez-vous votre relation dans vingt ans ? Si vous ressentez l'évidence que votre couple traversera les années malgré les impacts et les événements négatifs de la vie, cela peut renforcer votre décision de poursuivre votre histoire à l'instant présent où vous menez cette réflexion. Le fait de regarder vers le futur peut vous donner des indications pour vous orienter vers le bon profil de célibataire. Demandez-vous ce que vous aimeriez vivre et partager avec un partenaire dans le futur. Cet exercice permet de vérifier si une personne qui vous plaît présentement correspondra fictivement à celle avec qui vous aimerez toujours vivre des décennies plus tard. En parallèle de cette analyse, décryptez-bien les profils de célibataires sur les plateformes pour repérer les individus incompatibles et factices.

Reconnaître et éviter les profils « pièges »

Sur les applications de rencontres « grand public », vous pouvez trouver une quantité très importante de profils en tous genres. Parmi eux, il existe des profils à éviter voire des faux comptes.

ATTENTION AU PROFIL DE RÊVE

Certains profils déclenchent une forte attirance magnétique. Ces profils masculins ou féminins, dégagent une aura de perfection : une apparence physique hors du commun, une posture qui dégage de la confiance, et une attitude qui équilibre habilement décontraction et sérieux. Cette impression s'accompagne souvent d'un voile de mystère et d'inaccessibilité.

« Méfie-toi des images. Ce n'est pas parce qu'on photographie le réel qu'on montre la réalité. »

Sophie Bassignac, écrivaine

Cependant, cette perfection peut s'avérer trompeuse. Derrière ces images soigneusement choisies et une biographie captivante, se cache parfois une réalité moins idyllique. Dans certains cas, il s'agit d'individus usurpant l'identité d'autrui, utilisant des photographies volées pour créer un personnage séduisant, dans le but de s'amuser des autres ou de les piéger. Ces profils artificiels, bien que visuellement attrayants, entraînent souvent de la déception. Même lorsque le profil appartient à une personne réelle, cette perfection apparente peut s'avérer trompeuse. Un profil trop lissé, où chaque détail semble calculé, peut manquer cruellement d'authenticité. L'engagement dans une conversation, voire la planification d'une rencontre avec de telles personnes, peut rapidement mener à une désillusion lorsque la réalité ne correspond pas à l'image présentée en ligne. Veillez donc à garder un œil critique et vous rappeler que la perfection absolue n'existe que dans la publicité.

L'ARCHÉTYPE DE LA FEMME FATALE

Dès que votre regard se pose sur son profil, vous sentez immédiatement de l'attirance. Ses photographies dégagent une aura de sensualité presque magnétique, suggérant qu'elle possède le pouvoir de charmer tout homme à sa guise. Chaque cliché semble méticuleusement choisi pour démontrer sa maîtrise de l'art de la séduction, et chaque pose suggère une assurance et un charme irrésistible. Vous ressentez de la fascination pour cette image énigmatique qui semble promettre à la fois aventure et mystère. Cependant, gardez à l'esprit que les apparences, surtout dans le contexte des rencontres en ligne, peuvent s'avérer trompeuses. Par ailleurs, les logiciels d'IA (Intelligence Artificielle) peuvent générer des photos de synthèse qui reproduisent fidèlement l'image de personnes qui n'existent pas. De même, les outils comme le maquillage, l'angle de la caméra, les retouches numériques, les filtres peuvent transformer radicalement l'apparence d'une personne, créant une illusion de perfection. Cette métamorphose numérique, souvent utilisée pour accentuer les traits désirables et masquer les imperfections, projette ainsi une image idéalisée qui s'éloigne de la réalité. Prenez en considération les motivations derrière ce type de profil. Certaines femmes cherchent parfois simplement à obtenir de nouveaux followers sur leurs réseaux sociaux ou des compliments pour se sentir désirées. Dans le contexte d'une relation, ce besoin de validation peut se manifester par une tendance à rechercher l'attention constante d'autres hommes, non pas nécessairement par envie d'infidélité, mais simplement pour se rassurer. Veillez donc à observer ces profils avec une certaine réserve, en gardant à l'esprit que la réalité peut différer de l'image soigneusement présentée en ligne.

Témoignage de Maxime, 44 ans :

« Il m'a fallu 2 ans pour me sentir prêt à m'ouvrir de nouveau. Et j'avoue que pour me motiver, je me suis inscrit sur un site en même temps que ma collègue, 20 ans plus jeune que moi. Déjà, j'ai vu le décalage. Moi j'ai fait mon profil en 2 minutes et j'ai pris 3 photos récentes en mode selfies. Ma collègue a pris soin de sélectionner de superbes photos, du noir et blanc, des poses genre « modèle » à la limite du naturel. La grosse différence que j'ai vu entre nous 2, c'est que moi j'étais mieux en vrai qu'en photo alors qu'elle c'était totalement l'inverse. Ça fait quand même réfléchir. Je passe vite sur le fait qu'une fille de 22 ans reçoit 50 likes à l'heure alors que moi c'était 3 en 2 jours. J'imagine que j'ai des leçons à tirer de cette expérience, comme me mettre plus en valeur la prochaine fois. »

L'ARCHÉTYPE DU MÂLE ALPHA

Chaque photo soigneusement sélectionnée communique l'image d'un homme attirant et habile dans l'art de la séduction. Ce profil clairement conçu pour attirer l'attention met en scène une masculinité prononcée et un étalage de ses attributs physiques : charme irrésistible, muscles apparents, physique athlétique... Cette catégorie d'hommes privilégie souvent des photos en noir et blanc qui ajoutent une dimension de sophistication et d'intemporalité à leur apparence. Toutefois, il convient de garder à l'esprit que de telles images peuvent embellir ou altérer la réalité. Le noir et blanc peut cacher certaines imperfections et ajouter une touche de mystère. Certains hommes cherchent à incarner l'image du « mâle alpha » en se montrant masculin, puissant et confiant. Cette posture vise à se mettre en scène comme un leader naturel et charismatique, souvent dans le but de souligner sa virilité et son assurance. Toutefois, dans le contexte des relations humaines, une telle attitude peut entraîner des comportements problématiques. La recherche de domination peut créer des relations déséquilibrées, voire toxiques, où le contrôle et l'emprise prennent le pas sur le respect de l'autre. Veillez donc à garder un esprit critique face à ce type de profil. Dans leur quête effrénée de séduction, certains célibataires déploient tous les moyens pour atteindre leurs objectifs. Cependant, cette démarche peut les détourner de rencontres sincères.

Chapitre 3.
Se démarquer des autres profils

Selon les résultats d'une étude réalisée en 2020 par l'application de rencontres *Once*, 60% des utilisateurs de sites de rencontres consultent les profils en moins de trente secondes pour évaluer leur intérêt avant de passer au suivant[13]. Cette durée, bien que brève, permet d'examiner plusieurs images et de prendre connaissance du texte de présentation et des informations disponibles. Cette précision sur le comportement des célibataires permet de prendre conscience de la nécessité de présenter le meilleur profil possible parce que la seconde chance n'existe pas.

Témoignage de Julien 39 ans :

« J'ai essayé pas mal de sites et d'applis. J'ai essayé la sincérité, aucun contact, ou seulement des faux profils. Je me demande si mes photos ne vont pas, si mon physique ne va pas, si ce que j'ai écrit en bio ne va pas... Je ne sais vraiment pas comment faire. Une blague peut-être ? Celle du fou qui repeint son plafond ? Et oui, les algos ne nous facilitent pas la tâche du tout, surtout pour les hommes hétéros cherchant une femme hétéro. J'ai l'impression que les hommes sont plus nombreux. Pour autant, je n'ai pas encore décidé d'arrêter. J'ai retenté avec des photos un peu plus classe et j'ai eu un poil plus de succès. J'ai reçu un like "par erreur", un "match" qui finalement n'a rien donné (la nana n'a pas entamé la conversation). Donc ce n'est pas ma tronche le problème, c'est plutôt de réussir à me démarquer parmi les milliers de profils de mecs. Ce n'est pas évident. »

Du côté des célibataires sur l'appli, les critères déterminants se focalisent, par ordre d'importance, sur l'apparence physique (46 %), les manières et le niveau d'éducation (44%), l'intérêt pour les relations sexuelles (34 %), l'âge (33%), ainsi que les centres d'intérêt et les passions (31%)[14]. Pour attirer de potentiels prétendants, vous devez donc capter leur attention avec des photographies judicieusement choisies, éveiller leur curiosité grâce à un texte de présentation engageant sans tomber dans un excès d'autopromotion.

CHOISIR DES PHOTOS QUI ATTIRENT LE REGARD

Le choix des photos de votre profil constitue une étape déterminante car certaines personnes ne prennent pas le temps de consulter les autres éléments disponibles. Les femmes savent, généralement, mieux se mettre en valeur que les hommes. Cette inégalité peut se surmonter facilement si, en tant qu'homme, vous prenez conscience de vos limites. Dans ce cas, vous pouvez opter pour une série de photos réalisées par un ou une photographe. Il ou elle pourra vous aider à identifier vos meilleurs atouts. Si vous craignez votre manque de photogénie, vous pourrez justement lui confier vos craintes. Les photographes expérimentés savent mettre en valeur toutes les personnes qu'ils photographient grâce au bon éclairage, la bonne lumière, en captant le bon sourire saisi au bon moment. Néanmoins, mettre en avant vos atouts signifie qu'il faut choisir une photo qui vous mette en valeur tout en reflétant la réalité. Sinon, cela peut mener à des déceptions de la part de la personne que vous rencontrerez. Pour effectuer la bonne sélection de photos, gardez à l'esprit quelques lignes directrices.

Recommandations

Privilégiez la qualité : Choisissez une photo nette, bien éclairée, avec une bonne définition.

Privilégiez l'authenticité : Choisissez une photo récente qui représente votre personnalité et votre style de vie. Montrez-vous sans artifice et sans filtre.

Choisissez entre 3 et 5 photos : Il faut trouver le bon équilibre. Idéalement, publiez au moins trois photos : en portrait, en pied (pour voir votre silhouette), et en mouvements. Vous pouvez agrémenter cette sélection avec des photos prises dans vos univers de prédilection :

bibliothèque, bar à cocktail, en randonnée...

Privilégiez une expression positive : Choisissez des photos qui communiquent de bonnes ondes, de la joie ou de l'enthousiasme. Optez pour des photos où vous souriez.

Montrez votre personnalité et vos intérêts : Vous pouvez choisir des photos qui montrent votre passion. Cela peut vous permettre de trouver des personnes partageant les mêmes centres d'intérêt et cela facilite le démarrage de conversations.

Précautions

Évitez les photos « mystère » : Vous ne souhaitez pas montrer votre visage alors vous prenez la photo de votre animal, d'une illustration, d'un objet ou d'un paysage. Bien que cela ne limite pas nécessairement les interactions, le moment de dévoiler votre visage deviendra inévitable avant la première rencontre. Prenez en considération le fait que le mystère peut engendrer des déceptions.

Attention aux photos suggestives : Vous souhaitez mettre en évidence vos atouts physiques pour attirer l'attention. Une photo de torse nu, de décolleté, de tenue légère envoie un message sans équivoque pour une personne à la recherche d'une histoire sans engagement. Si vous souhaitez entreprendre une relation sérieuse, votre photo ne doit pas envoyer de signaux ambigus qui pourraient dissuader certains échanges intéressants.

Évitez les selfies : vous pouvez sélectionner un selfie dans une série de différentes photos, mais n'en n'abusez pas. Évitez les « selfies » pris dans votre couloir ou dans votre salle de bain. Ils peuvent donner l'impression d'un manque d'effort et appuyer sur votre éventuelle solitude sociale. Par ailleurs, les selfies déforment les traits du visage, surtout en contre-plongée.

Évitez les lunettes de soleil : Vous aimez particulièrement cette photo avec vos lunettes de soleil qui vous donne un air cool et mystérieux, mais pensez à l'adage « les yeux sont le reflet de l'âme » et montrez votre regard, votre expression et l'harmonie générale de votre visage. Le fait de cacher votre regard peut laisser imaginer toutes les possibilités et cela peut entraîner des déceptions au moment de découvrir votre visage.

Évitez la confusion : On ne peut pas vous identifier si vous optez pour une photo de groupe avec un ou des amis. Des célibataires pourraient même ressentir de l'attirance pour une autre personne présente sur votre photo. Privilégiez plutôt une photo individuelle pour une identification immédiate.

Évitez le montage photo amateur : Comme vous appréciez votre visage sur une photo de groupe, vous décidez d'effacer ou ajouter des éléments pour vous mettre en valeur : vous collez un emoji sur la tête des personnes présentes sur la photo, vous recadrez la photo... Optez plutôt pour une photo sans recadrage ni retouche.

Protégez l'image de vos enfants : Vous aimez la photo avec votre ou vos enfants et vous trouvez cela pertinent de montrer votre rôle de parent. Mentionnez-le plutôt dans votre texte de présentation et privilégiez une photo individuelle.

Après le choix de vos photos qui permettront potentiellement de retenir l'attention de célibataires, prenez soin d'accorder du temps à rédiger votre texte de présentation.

REDIGER UNE PRESENTATION CAPTIVANTE

Pour commencer, réfléchissez à la manière la plus pertinente de vous présenter pour déclencher l'envie de discuter avec vous. Selon un sondage effectué par *Meetic*, une description originale peut séduire une personne au-delà des photos dans 38% des cas[15]. Ainsi, vous pouvez indiquer vos passions, vos projets, vos centres d'intérêt, des anecdotes de votre vie mais aussi votre mode de vie, votre tempérament et le type de rencontre que vous recherchez. Veillez à compléter votre profil de façon détaillée pour permettre aux autres de vous cerner rapidement votre personnalité. Gardez à l'esprit quelques principes pratiques.

Préceptes utiles

Privilégiez la sincérité : Le fait d'écrire de manière spontanée votre histoire peut vous démarquer des autres profils. Votre texte de présentation peut déclencher de l'intérêt, de la curiosité, et de l'empathie.

Évitez la banalité : Soyez original plutôt que d'écrire comme un grand nombre d'individus : « Je cherche quelqu'un qui me fera quitter *Tinder* », ou *Meetic*...

Indiquez vos intentions : Précisez le type de relation que vous recherchez. En effet, 72 % des femmes affirment accorder une grande importance à l'indication de cette information dans les profils qu'elles examinent, tandis qu'environ la moitié des hommes partagent cette préoccupation[16]. Vous pouvez aussi indiquer vos préférences, comme le type de personnalité que vous recherchez ou vos attentes.

Privilégiez le positif : Mettez l'accent sur le positif afin de maintenir une atmosphère légère et engageante.

Privilégiez la discrétion : Même si vous pourriez épater les personnes qui lisent votre profil en partageant des informations spectaculaires, restez sobre pour éviter d'attirer les personnes uniquement à la recherche de « tout ce qui brille ».

Ouvrez-vous à l'avenir : Vous pouvez partager vos idées de projets et d'envies que vous aimeriez concrétiser avec le partenaire que vous espérez rencontrer.

Recommandations

Évitez les fautes : Aidez-vous d'un correcteur ; dans la culture française, les personnes accordent une grande importance à l'orthographe et à la grammaire. La présence de fautes dans votre texte peut vous évincer sans possibilité de rattrapage.

Évitez de vous inventer un profil : Vous imaginez sans doute qu'un profil embelli de récits captivants attirera davantage l'attention. Ainsi, vous prétendez avoir parcouru la planète, alors que votre passeport ne témoigne que d'expéditions en Asie. Vous mentionnez une thèse alors qu'elle reste inachevée. Méfiez-vous de ces petites exagérations car elles finissent invariablement par éclater au grand jour.

Évitez d'écrire un roman : La longueur exagérée d'un texte peut créer l'effet contraire escompté et donner envie de renoncer à la lecture. Gardez à l'esprit que votre présentation doit donner envie de vous rencontrer. Pensez à l'effet d'une bande-annonce de film. Si vous connaissez déjà toute l'histoire et la fin, vous perdez tout intérêt à regarder le film.

Évitez la surenchère : Même si vous voulez séduire les personnes qui découvrent votre profil, il faut éviter d'utiliser les ressorts clichés pour les convaincre de vous sélectionner en promettant un repas cuisiné maison ou un massage.

En maîtrisant correctement la manière de vous présenter, vous pourrez plus facilement créer des liens avec des célibataires intéressants, mais vous pouvez aussi optimiser vos chances en apprenant à vous distinguer des autres profils car la concurrence domine sur les applications de dating.

TROUVER LES ATOUTS POUR SE DISTINGUER

En vue de mobiliser toutes les ressources possibles pour réussir votre quête de l'amour, vous pouvez vous aider des enseignements des enquêtes de sondages pour distinguer et mettre en valeur vos atouts personnels.

Focus sur les éléments attractifs selon les sondages

Une étude menée dans le cadre de la rédaction de l'ouvrage « Applications de rencontres : Décryptage du néo-consumérisme amoureux » a mis en évidence une constatation frappante : la majorité des hommes rédigent une seule phrase pour se décrire dans leur texte de présentation[17]. Cette description laconique ne permet pas de cerner leur personnalité, de découvrir leur parcours de vie ou leurs attentes. Par ailleurs, cette attitude donne l'impression d'une inscription bâclée et d'un manque d'investissement. Ce manque d'implication n'encourage pas les célibataires à les contacter. Par contre, cela contribue mécaniquement à mettre en avant les hommes qui s'appliquent à rédiger un texte plus détaillé. Cette précision, également valable pour les femmes, vous invite à vous démarquer grâce à la rédaction d'un texte développé. Une présentation approfondie et sincère capte davantage l'attention de ceux qui explorent votre profil. Par ailleurs, un sondage mené par l'*Ifop* en 2021 a mis en évidence la volonté des hommes de ne pas s'engager dans une relation sérieuse puisqu'ils représentent 67% à affirmer rechercher une relation sans lendemain sur les applications de rencontre[18]. Dans l'hypothèse où vous souhaitez vous investir dans une relation durable, le fait de mentionner cette précision peut donc vous donner un avantage considérable par rapport aux autres hommes. Une autre étude de l'institut *Ifop* publiée en 2023 révèle que 64% des célibataires se sentent attirés par les personnes engagées dans la défense d'une cause[19]. Par conséquent, si vous militez pour la défense des droits des minorités, la protection de la nature ou si vous accordez du temps à une activité bénévole, indiquez-le dans votre texte de présentation. Cette information peut décupler vos chances de recevoir des matchs et des messages.

Identifier ses atouts

Le fait de préciser des informations qui vous rendent spécial et unique peut vous démarquer des autres. Si vous manquez d'idées, réfléchissez aux compliments reçus et aux talents que vos amis et votre famille reconnaissent en vous. Il peut s'agir de votre créativité remarquable, votre sens aigu de l'humour, ou votre sensibilité profonde. Prenez également un moment pour considérer vos accomplissements personnels et professionnels, vos expériences de vie, vos voyages. Ces précisions peuvent constituer des sources d'anecdotes captivantes. Pensez également à préciser vos passions et vos activités car elles reflètent des aspects intéressants de votre vie et offrent des points d'ancrage pour entreprendre plus facilement des conversations. De petits détails peuvent attirer l'attention en mettant en lumière votre comportement touchant, passionnant, décalé, spontané... Le frisson de captiver l'attention des autres peut néanmoins nourrir le désir d'obtenir davantage de matchs. Cette quête de séduction soulève une interrogation essentielle : jusqu'où valoriser votre image pour vous distinguer des autres célibataires ?

FUIR LE PIÈGE DU PROFIL ARTIFICIEL

Le fait de chercher à attirer le regard des célibataires sur un site de rencontres peut vous conduire à chercher à impressionner ou à vous conformer aux standards établis. Pour éviter cette situation, il convient de considérer deux points de vigilance importants, d'une part, adoptez toujours un regard critique face aux conseils en séduction et résistez à la tentation d'embrasser une personnalité plus attirante, mais qui ne reflète pas votre véritable identité.

Se méfier des conseils en séduction

Les conseils en séduction préconisent fréquemment de vous vendre, de vous mettre en avant, et de sortir du lot pour obtenir l'attention des autres. D'une part, ces injonctions tendent à donner l'impression qu'il faudrait vous présenter comme un « produit de marketing » pour espérer créer un lien sentimental avec autrui. D'autre part, ces consignes peuvent vous orienter à adopter une présentation de profil stéréotypée qui ne vous correspond pas réellement. Enfin, cette attitude peut vous entraîner à effectuer des promesses ou annoncer des engagements que vous risquez d'ignorer ultérieurement. Par exemple, vous pensez qu'un profil indiquant une passion pour les chats peut vous accorder plus de chances de séduire quelqu'un, donc vous mentionnez votre goût pour les félins ou ajoutez une photo prise avec un chat. Si cette tactique attire un partenaire qui se passionne sincèrement pour ces animaux, vous risquez de vous retrouver contraint de continuer à jouer le jeu. De petits mensonges ou des exagérations en apparence anodines dans une démarche de séduction peuvent vous engager à véritablement les assumer dans la réalité. Donc veillez à analyser la manière dont vous vous présentez sur votre profil car vous pourriez communiquer une image qui tend vers une représentation déformée de vous-même.

Attention à la caricature

En appliquant le conseil de « se vendre » à son paroxysme, cela pourrait pousser des personnes à adopter un rôle stéréotypé pour mettre en avant les atouts qu'ils jugent séduisants. En surjouant le rôle du partenaire « idéal » selon des critères parfois clichés et rétrogrades, vous pouvez repousser des personnes en quête d'authenticité. De plus, le fait d'indiquer que vous maîtrisez parfaitement la recette des pâtes carbonara, et que vous aimez masser les pieds de votre partenaire devant la télévision peut laisser une impression désuète et caricaturale. Plutôt que de chercher à vous vendre, prenez au contraire l'audace de montrer une vision transparente de vous-même, sans artifice ni masque. Dans un monde où l'image et la mise en scène priment, la sincérité devient une qualité rare et précieuse. Il devient pourtant difficile de renoncer aux outils qui peuvent améliorer votre profil.

Le risque de superficialité générée par une IA

Actuellement, les IA (Intelligence Artificielles) constituent indéniablement des outils pratiques et efficaces en ce qui concerne la rédaction de textes. Ils peuvent se substituer à des auteurs humains ou bien assurer le rôle d'assistant pour corriger ou améliorer des messages. Par conséquent, 3% des célibataires les utilisent dans le cadre de leur expérience de dating pour écrire ou améliorer leur texte de présentation de profil[20]. Ce pourcentage risque très certainement d'augmenter très rapidement vue l'adoption accélérée des outils d'IA par la population. Malgré l'aspect ludique et pratique, il faut utiliser ces instruments avec discernement. En effet, ils peuvent parfois exagérer ou dénaturer certains traits de personnalité car ils proposent des formulations et des tournures de phrases génériques. Cela risque ainsi de créer un profil formaté et déconnecté de la réalité. Un usage modéré peut vous permettre d'améliorer votre profil sans dénaturer l'esprit de votre description. Cependant, le fait de vous présenter de manière honnête ne garantit pas automatiquement le succès de vos tentatives. En effet, des facteurs externes peuvent influencer votre réussite, comme les mécanismes qui façonnent le fonctionnement des sites de rencontres.

Chapitre 4.
Comprendre le fonctionnement des sites de rencontres

Les applications de dating, comme *Tinder* qui représente un exemple emblématique, ont révolutionné les rencontres amoureuses. Ces plateformes virtuelles offrent un terrain d'exploration presque illimitée de profils de célibataires. Cependant, derrière l'interface plaisante et les profils attirants, se cache une réalité souvent méconnue : une mécanique complexe interne qui peut influencer négativement vos démarches de rencontres en ligne. D'autre part, il existe un déséquilibre manifeste entre hommes et femmes sur ces plateformes. Ces deux aspects méritent une analyse approfondie pour comprendre les défis et les expériences des hommes et le vécu des femmes dans cette quête numérique d'amour. Cette plongée dans les arcanes des sites de rencontres vise à vous éclairer sur les facteurs qui peuvent influencer votre aventure. La compréhension de ces dynamiques peut vous aider à les utiliser avec un meilleur discernement.

LA FACE CACHÉE DE TINDER

Presque toutes les applications de rencontres privilégient le modèle économique « freemium » pour financer le fonctionnement de leurs services et de leurs sociétés. Cela consiste à proposer des fonctionnalités gratuites et réserver des options aux membres qui souhaitent bénéficier de tous les services proposés sous forme d'abonnement. En outre, certaines applications, à l'image de *Tinder*, ne se limitent pas aux revenus issus de ce système mais cherchent à maximiser leurs profits en recourant à des techniques psychologiques incitatives pour encourager leurs utilisateurs à prendre les options payantes. Ces tactiques reposent en grande partie sur l'utilisation d'algorithmes sophistiqués, ce qui permet notamment à *Tinder* de cibler spécifiquement les hommes financièrement aisés.

Attribution d'une note « utilisateur »

La majorité des sites de rencontres utilisent un système d'algorithmes pour vous présenter un enchaînement de profils. Loin de refléter le fruit du hasard, cette sélection constitue le résultat d'un processus informatique complexe. Une analyse s'effectue en continu pour identifier votre comportement, vos interactions et vos critères de recherche. En fonction de ces variables, un algorithme définit le type de profils qu'il choisit de vous présenter. Ce système interpelle la journaliste française Judith Duportail qui a utilisé *Tinder*. En menant des investigations, elle découvre et révèle que l'application s'appuie sur un « score de désirabilité » (nommé « Elo Score ») pour lui soumettre des profils. Concrètement, chaque utilisateur de l'application obtient une note en fonction du succès de son profil. Par conséquent, en fonction de vos interactions, si vous plaisez peu, votre note descend, si vous plaisez beaucoup, votre note augmente. *Tinder* utilise ce système pour déterminer la sélection de profils à vous présenter.

« Même si je n'étais pas journaliste, j'aurais développé la même obsession pour ce système de notation. Son existence vient appuyer pile-poil au cœur de mes angoisses et contradictions, entre ego, désir d'être belle et désir de m'en foutre d'être belle, désir de séduire et désir d'être considérée comme une personne et non un objet, entre frivolité et féminisme. Je dois connaître ma note et je dois en savoir plus sur l'application la plus rentable de l'Apple Store. »

Judith Duportail, extrait de « L'amour sous algorithme »[21]

En complément du « Elo Score », *Tinder* s'appuie sur la « frustration programmée » pour inciter ses membres à souscrire un abonnement. L'application tire parti d'un déséquilibre inhérent à la majorité des plateformes : les hommes dominent en nombre par rapport aux femmes. Par conséquent, les hommes reçoivent moins de sollicitations et se sentent souvent invisibles. Pour résorber ce problème, l'application propose une solution, elle peut mettre en avant votre profil en contrepartie d'un abonnement ou d'un forfait de crédits. En combinant le « Elo Score » et le mécanisme de « frustration programmée », *Tinder* réunit un système efficace pour pérenniser son modèle économique. Puisque les hommes ressentent naturellement de la frustration sur *Tinder*, il suffit de pousser le curseur de leur frustration pour leur démontrer l'intérêt de souscrire un abonnement. Concrètement, si vous likez de nombreux profils qui vous plaisent et que vous n'obtenez jamais de match, cela peut vous convaincre de souscrire un abonnement. En juillet 2022, *Tinder* a annoncé l'abandon de son système de notation « Elo Score » au profit d'un « système dynamique » qui évalue les interactions entre les membres pour optimiser les correspondances. Cependant, les algorithmes utilisés par *Tinder* et de nombreuses autres applis restent largement voilés de mystère. Néanmoins, des révélations continuent d'émerger concernant *Tinder*, révélant notamment que la plateforme analyse minutieusement les profils des utilisateurs, avec un intérêt particulier pour identifier les plus susceptibles de s'abonner à ses services payants.

Ciblage des hommes « riches »

Jean Meyer, le CEO de l'application *Once*, a dénoncé l'un des mécanismes utilisés par *Tinder* pour pousser les utilisateurs à contracter un abonnement. L'application utilise un système qui analyse les profils des membres et plus particulièrement leur pouvoir d'achat. Cela leur permet d'identifier les hommes « riches ». En réalité, cela vise simplement les hommes qui indiquent un niveau universitaire élevé et une profession rémunératrice. Pour inciter ces membres à souscrire un abonnement, il existe différentes possibilités : leur envoyer des offres commerciales ou des informations mettant en avant les avantages premium… La méthode fonctionne puisque l'application a engendré 1,65 milliards de dollars de revenus en 2021. *Tinder* domine incontestablement son marché en matière de rentabilité[22]. Si l'application se retrouve régulièrement sous le feu des critiques, il faut tout de même préciser qu'il existe d'autres initiatives dans le secteur du dating. Des applications privilégient des choix plus éthiques et respectueux en informant leurs utilisateurs de manière transparente sur leur fonctionnement. Il n'empêche que des utilisateurs subissent parfois les conséquences de l'univers des sites de rencontres, que ce soit du côté des hommes ou des femmes qui éprouvent des difficultés très différentes.

L'ASYMÉTRIE ENTRE HOMMES ET FEMMES

La quête de relations hétérosexuelles via une application de rencontres conduit fréquemment les hommes à se sentir ignorés et les femmes sur-sollicitées.

Témoignage de Éric, 62 ans :

« La concurrence est rude et l'étalage des prétendantes et prétendants est immense, et de fait, on assiste aux effets du fameux problème de l'embarras du choix. Un site de rencontre augmente le champ des possibles mais aussi la sélection naturelle et favorise le zapping. On est mis de côté pour un rien, un mot, un a priori, un préjugé, une photo mal interprétée, une erreur de communication, trop sûr de lui, pas assez, trop beau, trop laid, trop imbus, trop sportif, trop intelligent, trop bête, un PN en puissance, un pervers potentiel, un coureur de jupons, un timide... Et à l'inverse : je ne suis pas à la hauteur, pas net, cela cache quelque chose, il y a surement un vice caché... Moralité, c'est le problème sur les sites de rencontres, et c'est aussi toi le problème. Tout demeure dans notre capacité à nous adapter et de savoir tirer notre épingle du jeu, surtout si c'est un jeu de dupes, comme souvent dans la séduction, où l'on se ment souvent à soi-même. Ainsi, les sites de rencontres ou le net en général, augmentent considérablement le champ des possibles et réduit l'espace-temps, à chacun d'en faire bon usage. »

Illustrons cette réalité avec deux exemples concrets pour ensuite identifier des solutions utiles pour dépasser ces blocages.

Hommes vs Femmes

Benjamin s'inscrit sur *Tinder* dans l'espoir de rencontrer une femme pour construire une relation sérieuse. Il commence par filtrer les profils qui attirent son attention. Sur les 100 profils qu'il a appréciés, seulement 1 match émerge. Il envoie alors un message à sa potentielle prétendante. Le silence s'installe. Alors, il décide de changer de tactique et valide tous les profils suggérés par la plateforme. De son côté, Nina s'inscrit également sur *Tinder* espérant rencontrer un homme pour une relation sincère. Elle sélectionne les profils qui l'intéressent. Sur 100 profils appréciés, 50 se transforment en matchs. Pourtant, la plupart des messages qu'elle reçoit manquent d'intérêt : impersonnels, copiés-collés, laconiques. Elle ne répond qu'aux hommes qui s'intéressent vraiment à son profil. Prenant les devants, elle écrit un premier message à ceux avec qui elle aimerait échanger. Ses messages n'entraînent pas de réponses.

Analyse de l'expérience du côté des hommes

Comme la majorité des hommes inscrits sur *Tinder*, Benjamin reçoit peu de matchs. En effet, un homme lambda peut espérer obtenir entre 0,1 et 0,3% de match. Un profil d'homme exceptionnellement beau peut espérer jusqu'à 10% de match. Ces pourcentages émanent d'une expérimentation menée par le *Youtubeur* Chris Conte (Poisson Fécond) sur sa chaîne[23]. Ces chiffres méritent des explications. Le premier élément de réponse repose sur le fait que les hommes surpassent en nombre les femmes sur *Tinder*, offrant à ces dernières un éventail plus large de choix. On parle même du « paradoxe du choix » pour décrire la dynamique des rapports entre célibataires hétérosexuels sur les applications de rencontres. Ce paradoxe met en évidence la désillusion éprouvée par de nombreuses femmes qui ressentent l'impression d'obtenir de nombreuses possibilités d'interaction sans réellement trouver ce qui leur convient. Donc, cela ne les encourage pas à répondre aux hommes qui les sollicitent. Ce paradoxe met aussi en lumière un autre phénomène qui s'incarne dans la tentative des utilisatrices à toujours chercher le meilleur profil. Il s'agit d'une forme de *FOMO* (*Fear Of Missing Out*) qui consiste à croire qu'elles doivent prolonger continuellement leurs recherches car elles risquent de passer à côté du partenaire idéal. Cette recherche insatiable les pousse à consulter le maximum de profils. In fine, cette attitude les entraîne souvent à s'exposer à une saturation d'informations, de données et de photos au point parfois de s'en dégoûter et de ne plus ressentir l'envie et l'énergie de correspondre avec les prétendants qui attendent de leurs nouvelles. Par ailleurs, la perception opposée entre hommes et femmes concernant leur expérience de dating provient aussi du fait que les hommes se sentent invisibles et ignorés. En effet, Benjamin déplore le manque d'activités sur son compte : ni likes, ni matchs, ni messages. Pour rappel, il existe un décalage colossal en termes de mixité sur *Tinder*, par conséquent, les profils d'hommes se trouvent dilués entre eux. Cette difficulté se trouve amplifiée par le fait que les plateformes utilisent des algorithmes qui influencent la visibilité de certains hommes en fonction de la qualité de leurs profils, de leur statut de membre premium... Le manque de visibilité des hommes n'explique pas l'absence d'interactions avec les femmes. Le fait que Benjamin reste sans réponse suite au message qu'il a envoyé mérite également des explications. Pour commencer, il faut préciser que l'anonymisation digitale favorise le manque de civilité, d'empathie et de bienveillance. Ensuite, plaçons-nous du côté de la femme qui a reçu son message. On peut imaginer qu'elle échange déjà sur la plateforme avec un autre interlocuteur qui lui plaît davantage. On peut aussi supposer que le profil de Benjamin ne correspond pas à ses goûts ou ses attentes. On peut imaginer que le message de Benjamin manquait de panache. Benjamin restera dans l'ignorance. Il se sent frustré car il sentait une vraie connexion. De son côté, Nina a reçu beaucoup de matchs et de messages, pour autant, elle éprouve le sentiment de ne pas réussir à établir une connexion intéressante parmi tous ses contacts.

Analyse de l'expérience du côté des femmes

Contrairement aux hommes, les femmes obtiennent en moyenne 50% de match même sans mettre de photo de profil selon l'étude menée par Chris Conte. Le fait de recevoir de nombreux matchs constitue un booster d'ego pour Nina. Cela la rassure de savoir qu'elle plaît à autant d'hommes. Pourtant, elle ignore que ce phénomène découle plus de la faible présence des femmes sur les applis que de son pouvoir d'attraction. Elle finit, en effet, par constater qu'il existe un décalage entre le nombre élevé de matchs reçus et la réalité. En effet, quand elle a contacté des hommes, elle a réalisé qu'un grand nombre ne donnait pas suite à sa tentative de prise de contact. Cela s'explique par deux raisons principales. Premièrement, une grande partie des utilisateurs masculins likent tous les profils et effectuent une sélection a posteriori quand ils obtiennent un match. Donc, concrètement, on peut supposer que les hommes contactés par Nina ne s'intéressent pas véritablement à elle. Cette réalité s'oppose radicalement à l'intention initiale du créateur de *Tinder* qui a développé l'idée de la plateforme dans la perspective de mettre fin aux situations de rejet dans les relations amoureuses. En second lieu, les utilisateurs de *Tinder* ne partagent pas tous le même objectif en ce qui concerne la volonté de trouver un partenaire. En effet, 63,5 % des inscrits ne cherchent pas particulièrement une relation[24]. Par conséquent, le nombre d'hommes montrant un véritable intérêt pour Nina ne concorde pas avec le nombre initial de matchs reçus. Nina se retrouve dans un état de désillusion, passant d'une multitude d'options au départ à un petit nombre limité de profils avec lesquels elle tente de discuter pour évaluer leur volonté de s'engager dans une relation sérieuse. Finalement, il convient de questionner les motivations de la société *Tinder*. Cherche-t-elle sincèrement à aider Benjamin et Nina à trouver un partenaire au plus vite et à les laisser quitter l'application ? Pour mener habilement votre recherche, prenez de la hauteur sur votre expérience et veillez à saisir toutes les opportunités de vous démarquer.

Conseils pour se donner les meilleures chances

Profil : Écrivez deux ou trois informations qui vous différencient. Quand un profil ressemble aux autres, il passe souvent inaperçu. Au lieu de préciser que vous appréciez les voyages, les concerts et le cinéma, partager une expérience ou un moment marquant de votre vie : un concert, la découverte d'un pays...

Abonnement : vous pouvez souscrire un abonnement pour optimiser vos chances de visibilité et d'échanges.

Attitude et activité : Certains comportements sont « pénalisés » par les plateformes : le fait de liker tous les profils sans discernement ou préférence, le fait de consulter peu la plateforme, le fait de supprimer votre compte et immédiatement en créer un nouveau. De même, répondez aux sollicitations et comportez-vous de manière respectueuse.

Focus : Visez la qualité et non la quantité. Au lieu de chercher à cumuler les contacts, concentrez-vous plutôt sur quelques personnes à qui vous accorderez votre attention.

Sagesse : Saisissez-les occasions au bon moment au lieu de croire que quelque chose de mieux va arriver. Une personne s'intéresse sincèrement à votre profil, pourquoi ne pas lui laisser une chance ?

Détachement émotionnel : Le fait d'adopter une attitude de confiance et de patience vous permettra de dégager l'impression d'une personne épanouie qui attend la bonne rencontre et qui sait ce qu'elle recherche.

Même avec la meilleure volonté et la mise en pratique de conseils pertinents, la recherche en ligne peut s'avérer compliquée et décevante, d'autant plus que l'écosystème des plateformes favorise des situations et des expériences parfois éprouvantes.

Chapitre 5.
Les impacts collatéraux des sites de rencontres

L'application française de dating *Once* a mené une enquête auprès des célibataire et il en ressort que 83% des utilisateurs d'applis ressentent l'impression d'y perdre leur temps mais aussi de l'insatisfaction et de la déception[25]. Le fonctionnement ou l'univers de ces plateformes ne correspond vraisemblablement pas à leurs attentes. Cependant, elles constituent actuellement le système le plus efficace et pratique pour rencontrer facilement des célibataires. Par conséquent, malgré l'irritation manifeste de certains utilisateurs, ils continuent de les utiliser quotidiennement. Pour éviter ce genre de sensations négatives, vous pouvez les prendre en main de manière plus sereine, en veillant à votre bien-être psychologique, mais aussi en comprenant les circonstances qui conduisent au phénomène de ghosting pour mieux le vivre si nécessaire, et enfin en restant attentif aux risques d'échanger avec d'éventuels profils frauduleux.

LES EFFETS SUR L'ÉQUILIBRE MENTAL

Sur une application de rencontres, tout s'exacerbe : une myriade de célibataires à portée de main en un claquement de doigt, de multiples conversations, et de potentielles relations simultanées... Vous pouvez y vivre un grand huit émotionnel, bien au-delà de ce que la vie quotidienne peut vous réserver, parfois de manière abyssale. Si ces plateformes vous semblent constituer un moyen efficace de revaloriser votre ego, n'oubliez pas qu'elles cachent aussi un revers bien plus sombre. Leur utilisation addictive peut générer des sentiments de profonde saturation, voire affecter votre santé mentale. En outre, sept célibataires sur dix ressentent des impacts négatifs sur leur santé mentale[26].

Ascension et chute de l'ego

Suite à une rupture amoureuse, de nombreux célibataires cherchent souvent à se rassurer et ressentent le besoin de plaire à nouveau. Ils s'inscrivent alors sur les applications pour retrouver confiance en eux et en leurs capacités de séduction. D'ailleurs, un quart des utilisateurs avouent s'inscrire pour renforcer leur ego[27]. Dans ce contexte, le fait de constater que votre profil plaît à des inconnus peut vous procurer une euphorie immédiate et combler votre besoin affectif. Néanmoins cette sensation d'allégresse et de réassurance peut s'estomper très rapidement. Il existe de nombreuses explications à ce phénomène. Tout d'abord, la première déconvenue peut émaner du manque de réciprocité. Par exemple, vous découvrez un profil qui vous plaît énormément, cela vous procure immédiatement une décharge de dopamine et l'envie de le ou la rencontrer. Votre confiance atteint son apogée. Cependant votre like ne génère pas de retour. Vous ressentez alors une déception brutale. D'autre part, vous pourriez aussi ressentir de la déception en réalisant que les profils que vous envoient des likes ne correspondent pas à vos attentes. Dans un premier temps, vous avez éprouvé de la flatterie en constatant le nombre élevé de notifications de likes, puis elle a évolué en frustration lorsque vous avez découvert que votre profil plaisait uniquement à des célibataires qui ne vous attiraient pas. Cette situation peut vous mener à redoubler d'efforts pour parvenir à matcher avec des célibataires qui vous plaisent. Cette détermination peut facilement évoluer en addiction si vous vous prenez trop au jeu.

Risque de dépendance

Certaines applications de rencontres exploitent l'une des plus grandes faiblesses humaines en poussant leurs utilisateurs à ressentir de l'accoutumance en utilisant leurs plateformes. Contrairement aux réseaux sociaux où votre entourage aime vos photos ou vos commentaires, sur une appli de rencontres, quelqu'un vous envoie le signal qu'il aime votre profil. Par conséquent, le simple fait de recevoir une notification de like ou de match sur votre téléphone déclenche un shot de dopamine dans votre corps. La dopamine agit comme un déclencheur de plaisir et de récompense dans votre cerveau. Une fois ressentie et mémorisée par votre organisme, vous chercherez à nouveau à ressentir cette sensation de bien-être. Si cette hormone peut encourager les comportements sains, comme le plaisir de manger équilibré et de bien dormir, elle peut aussi entraîner des dépendances problématiques telles que le besoin de fumer, consommer de l'alcool ou des drogues. La réception de notifications, de likes et de messages sur votre téléphone correspond au même plaisir que peut susciter un bon repas ou de la drogue. Par conséquent, des applications de dating s'appuient sur cette faiblesse pour générer ces effets d'addictions. Pour vous donner envie de vous connecter, vous recevez donc un message pour vous informer qu'un inconnu a visité votre profil dans le but de vous inciter à revenir sur la plateforme après un temps d'absence. Cela fonctionne puisque 90% des utilisateurs avouent se sentir « accros » et y consacrent, en moyenne, 55 minutes par jour[28]. Pour maintenir voire augmenter votre accoutumance, certaines applications de rencontres empruntent les mécanismes addictifs des jeux et des machines à sous dans leur système. L'ergonomie de certaines applications de rencontres reprend les codes et les designs des jeux de machines à sous. Ces intentions ne relèvent pas du simple hasard car les jeux figurent parmi les addictions les plus obsessionnelles. Ces applications empruntent à cet univers l'utilisation excessive de couleurs éclatantes, d'emojis et d'animations rappelant les fruits s'alignant sur les écrans des machines à sous. De même, le geste de « swiper » (le fait de glisser votre doigt pour consulter les profils) génère une dépendance similaire à une expérience sur une machine à sous. En effet, un célibataire attend avec surprise la prochaine photo qu'il va découvrir en bougeant le doigt, en espérant trouver un profil qui l'attire, de la même façon qu'un joueur attend la surprise de gagner sur une machine à sous en appuyant sur un bouton en espérant empocher un gain. Enfin, la récompense inattendue et aléatoire sous forme d'un « match » (le fait de recevoir l'information que vous plaisez réciproquement à un profil) rappelle le sentiment de joie ressentie à la vue des pièces qui jaillissent d'une machine à sous. Jusqu'en 2016, *Tinder* assumait la ressemblance de sa plateforme avec l'univers des jeux puisque les utilisateurs recevaient une notification pour les inciter à « continuer à jouer » (*keep playing*) en poursuivant la découverte de nouveaux profils. L'intention de la plateforme se trouve confirmée par la dernière mise à jour de l'interface de l'application (publiée au quatrième trimestre 2023) qui a pour ambition de proposer un « nouveau design pour prendre encore plus de plaisir en swipant[29] ». À l'opposé de cette démarche, il existe des plateformes de rencontres qui n'utilisent pas de mécanismes addictifs et qui communiquent avec transparence sur leur fonctionnement.

L'accoutumance peut s'insinuer progressivement et s'installer naturellement dans vos habitudes et mener à des comportements de mal-être et de repli sur vous. Pour éviter cette situation, observez votre comportement, ressentez-vous le besoin de vous connecter plusieurs fois par jour ? Consultez-vous fréquemment la plateforme pour vérifier si vous avez manqué une notification ? Dans ces hypothèses, vous pouvez essayer de contrebalancer votre temps d'écran avec d'autres activités hors ligne. La prise de conscience et l'envie de limiter votre dépendance peut vous prémunir de ressentir certains effets négatifs. Parmi ces répercussions indésirables, se profile parfois le sentiment de lassitude qui s'installe lorsque vous accumulez des échanges peu stimulants.

Dating fatigue

La « dating fatigue » décrit la sensation d'apathie progressive générée par la répétition des mêmes routines effectuées dans le cadre de la recherche d'une relation en ligne : parcourir de façon mécanique des profils similaires, recevoir des messages stéréotypés, envoyer le même genre de réponses... Cette fatigue peut également s'accompagner d'une sensation de découragement au regard des efforts déployés par rapport aux résultats obtenus. L'excitation et l'optimisme qui caractérisent les premières étapes de la recherche d'un partenaire cèdent progressivement la place à une impression de lassitude. Les conversations commencent à paraître étonnamment prévisibles, et chaque rencontre se transforme en une pâle répétition des expériences passées, engendrant ainsi un cycle de déception et de désintérêt. Cette spirale peut rapidement transformer l'aventure de la rencontre en ligne en une aventure monotone et insatisfaisante, où l'enthousiasme de découvrir un profil attirant s'assombrit par une impression de stagnation et de frustration. Dans ce contexte, ces sentiments négatifs peuvent s'accumuler et aboutir à une détresse psychologique plus profonde.

Amplification de mal-être

La comparaison entre le monde réel et virtuel permet de prendre conscience de l'un des problèmes majeurs engendré par l'utilisation d'un site de rencontres pour trouver un partenaire. Dans la vie réelle, si vous rencontrez une personne avec qui vous tissez un lien affectif, vous devriez *a priori* pouvoir prendre votre temps pour apprendre à vous connaître et à ressentir éventuellement une connexion se former entre vous sans craindre l'irruption de plusieurs prétendants prêts à vous écarter et à vous remplacer. En revanche, sur les plateformes de dating, le principe intrinsèque de regrouper des célibataires qui gravitent les uns autour des autres peut impacter la formation et la qualité d'une interaction que vous pourriez développer avec quelqu'un. Un site de rencontres constitue un espace de compétition où les meilleurs s'imposent. Cette rivalité entre membres peut vous pousser à vous comparer avec les autres. Vous pourriez ainsi commencer à douter de vos capacités à plaire. Cette dévalorisation génère chez certaines personnes une grande anxiété accentuant leurs vulnérabilités et leurs impressions d'imperfections. Cette auto-évaluation permanente peut conduire à une perte de confiance et de repères. Une étude de l'institut *Ipsos* menée en 2022 révèle que 65% des célibataires manifestent des symptômes dépressifs[30]. Par ailleurs, l'usage des applications de rencontres peut amplifier ce risque. En effet, une étude menée en 2016 par l'association américaine des psychologues révèle une face sombre de l'utilisation de *Tinder* aux États-Unis[31]. Ses utilisateurs présentent une moins bonne estime personnelle, une insatisfaction de leur apparence et une honte de leur corps. Ils se perçoivent souvent comme des objets sexuels, se conforment aux idéaux de beauté, et se comparent aux autres en scrutant incessamment leur image. Cette préoccupation grandissante affecte autant les hommes que les femmes. Ces célibataires peuvent se retrouver encore plus désorientés lorsque les échanges avec leurs interlocuteurs se terminent soudainement et de manière inattendue.

COMPRENDRE ET SURMONTER LE GHOSTING

Le terme « ghoster » tire son origine de l'anglais « ghost », signifiant fantôme. Il décrit l'arrêt brutal et unilatéral d'une relation sans explications. Selon une enquête du magazine *Le Point*, 53 % des hommes et 80 % des femmes optent pour cette manière de « rompre » sur les applications de rencontres[32]. La normalisation de cette attitude se développe graduellement si bien que vous avez déjà probablement subi cette situation, ou bien qu'elle risque de se présenter dans votre expérience en ligne. Malgré sa banalisation, ce genre de situations restent souvent douloureuses pour ceux qui aspirent à des relations sincères et respectueuses.

« La solitude n'est jamais si cruelle que lorsqu'on la ressent tout près de quelqu'un qui a cessé de communiquer. »

Germaine Greer, essayiste

Comprendre les contextes menant à cette situation peut vous aider à prendre du recul et à dépasser la déception que cela peut engendrer.

Les dessous du ghosting

L'ère du numérique a profondément bouleversé les connexions humaines, particulièrement en ce qui concerne les relations amoureuses. Étonnamment, un nombre significatif de membres inscrits sur les applications de rencontres ne cherchent pas nécessairement à construire une relation. De plus, ces plateformes proposant pléthore de choix, offrent tant aux femmes qu'aux hommes un éventail impressionnant de profils de célibataires favorisent des comportements désinvoltes. Cette profusion de possibilités entraîne des conséquences comme l'hypergamie. Examinons de plus près ces phénomènes pour comprendre la complexité des connexions digitales.

LE PHÉNOMÈNE DES NON-CÉLIBATAIRES

Selon une étude publiée par la société d'édition *Mary Ann Liebert Inc.*, 65% des membres de *Tinder* ne sont pas célibataires[33]. Pourtant ces personnes disposent d'un profil actif sur l'application. Par conséquent, cela signifie que sur dix personnes avec qui vous entretenez une discussion, il en existe potentiellement six qui ne cherchent pas à construire une relation avec vous. Ces individus viennent notamment y trouver des échanges sociaux ou tester leur capacité de séduction. D'autre part, pour comprendre ce phénomène, il faut rappeler que *Tinder* utilise des mécanismes puissants d'addiction pour fidéliser ses utilisateurs. On peut donc supposer que des anciens membres reviennent mécaniquement sur *Tinder* pour retrouver les mêmes sensations de flirt, de désir et d'attirance parfois uniquement dans une perspective de relation platonique.

LA RELATION MIRAGE

Les réseaux sociaux permettent de maintenir ou de tisser des liens amicaux, professionnels, et parfois amoureux. Le principe des sites de rencontre rejoint en partie le fonctionnement de ces réseaux car ils permettent de créer de nouvelles connexions en ligne. Par conséquent, des usagers de sites de dating les utilisent dans cette perspective : échanger uniquement de manière virtuelle. Selon une étude menée par l'*Ifop* en 2021, ce comportement concerne 58% des inscrits sur ces plateformes[34]. Ces personnes ne souhaitent pas rencontrer leurs interlocuteurs dans la vie réelle mais simplement développer une relation épistolaire. Face à eux, des célibataires souhaitent au contraire quitter l'espace virtuel pour construire une relation réelle. Cette divergence d'attentes conduit inévitablement à des impasses relationnelles. Certaines personnes optent alors pour une disparition silencieuse évitant ainsi de fournir des explications. Cette tendance à l'évanescence, facilitée par l'anonymat et la distance qu'offre le monde virtuel, engendre chez les délaissés un mélange de confusion et d'interrogations. De leur côté, les femmes se retrouvent confrontées à une autre forme de désarroi face à la multitude d'options qui compliquent leur prise de décision.

LE CHOIX MULTIPLE DES FEMMES

Minoritaires sur la majorité des applications de rencontres, les femmes hétérosexuelles se retrouvent très sollicitées par les hommes. Au point parfois de ne pas pouvoir répondre à l'ensemble des messages reçus. Quand une femme démarre une conversation avec un homme, elle dispose, en général, de nombreuses possibilités alternatives. Donc si la discussion ne correspond pas ou plus à ses attentes, elle peut facilement passer à un autre échange. Cette facilité déconcertante à enchaîner les opportunités de rencontres peut entraîner les femmes à oublier leurs précédents interlocuteurs et à les ignorer inopinément. Elles ne réalisent pas forcément que leur attitude peut les blesser ou les décevoir parce qu'elles vivent une expérience exaltante de leur côté. À l'instar des femmes qui disposent de nombreuses possibilités d'échanges, ce phénomène peut concerner l'ensemble des membres inscrits sur des plateformes de rencontres.

L'ART DE L'EXPLORATION

L'objectif des applis consiste à rassembler de nombreux profils de célibataires dans un espace commun. Cela implique donc qu'ils se trouvent exposés à de nombreuses possibilités de rencontres en même temps. Par conséquent, un célibataire peut mener différentes expériences simultanées : consulter des profils, entretenir des conversations, assister à des tête-à-tête. En moyenne, les utilisateurs de plateformes échangent avec six interlocuteurs en même temps, voire jusqu'à quinze personnes pour 15% d'entre eux[35]. Cette exposition à tant de possibilités entraîne parfois l'incapacité à exprimer une préférence pour un prétendant qui se distinguerait. Ce « paradoxe du choix » peut entraîner d'un côté des difficultés à prendre une décision et, d'un autre côté, la remise en question permanente du choix effectué. Face à la multitude d'alternatives possibles, des célibataires peuvent éprouver l'impression qu'ils passent éventuellement à côté d'un meilleur profil et donc se sentent appelés à retourner consulter constamment leur appli. Le *New York Times* a popularisé l'expression « Fear Of Better Option » en 2018 pour décrire les origines de ce comportement[36]. Certaines personnes deviennent obnubilées par l'envie ou la croyance qu'elles pourront trouver « mieux ». Si cette situation se produit, cela peut les conduire à ignorer leur connexion précédente. Ces célibataires indécis ne réalisent pas forcément l'incidence de leur comportement sur les autres. Par ailleurs, les femmes semblent davantage impactées par ce phénomène car une partie d'entre elles chercheraient à viser le meilleur partenaire possible.

L'HYPER-EXIGENCE DES FEMMES

L'hypergamie décrit le fait de chercher un partenaire qui possède un statut social et économique supérieur au sien. Bien que ce phénomène ne se limite ni aux femmes ni aux plateformes de rencontres, cette tendance illustre bien la manière dont les relations hétérosexuelles se tissent actuellement en ligne. Concrètement, cette prédisposition encourage des femmes à adopter des critères très sélectifs afin de trouver un partenaire qui correspond à leurs attentes. Elles sélectionnent donc les candidats en fonction de leur profession, niveau universitaire, milieu familial et social, niveau de culture générale, religion... mais aussi sur des aspects physiques tels que la taille, le poids, l'allure... Selon une enquête du magazine *The Conversation*, 73,8 % des participants à l'étude admettent exiger plus de critères sur les applications de rencontres que dans la vie réelle[37]. Cette quête de la perfection peut parfois aboutir à des situations irrespectueuses, notamment le fait de disparaître plutôt que de poursuivre une conversation avec un partenaire qui ne correspond pas à ses attentes. Face à ces comportements, il s'avère essentiel d'adopter la bonne réaction pour surmonter ce genre d'expérience décevante.

Éviter et surmonter le ghosting

La connaissance de l'existence d'attitudes irrespectueuses sur les sites de rencontre peut vous aider à adopter un comportement plus méfiant et alerte pour anticiper ce genre de situations. Cependant, malgré votre vigilance, le fait de vous sentir rejeté et ignoré par une personne avec qui vous pensiez développer une relation peut vous déstabiliser et vous bouleverser. Pour éviter, autant que possible, de vous retrouver confronté à cette situation, renseignez-vous sur votre interlocuteur pour savoir s'il ou elle communique avec d'autres personnes, s'il voit l'une d'entre elles en ce moment, s'il a créé une connexion forte avec une autre… Plus vous obtiendrez des informations sur son expérience et sa situation sentimentale, plus vous évaluerez les probabilités de développer une connexion avec lui ou elle. Votre démarche ne doit pas ressembler à un interrogatoire, donc veillez à poser des questions dans un contexte approprié.

Utilisé depuis le début des années 2000 aux Etats-Unis, le terme « ghosting » décrit des comportements pourtant préalablement existants. L'avènement d'Internet, des réseaux sociaux et des applications de rencontres a rendu cette pratique beaucoup plus visible et facile à mettre en œuvre mais pour autant elle existait déjà auparavant. En effet, le manque d'attirance ou de comptabilité ne se distingue pas toujours en amont d'un échange ou d'une rencontre. Certaines personnes ressentent le besoin d'apprendre à connaître l'autre avant de se positionner sur l'évolution éventuelle d'un lien sentimental. Cette découverte de l'autre peut aboutir à la constatation que la relation ne pourra pas évoluer par manque de désir ou d'évidence. Dans ce contexte, certaines personnes peuvent se comporter avec maladresse pour éconduire leurs prétendants. Certaines, par souci d'honnêteté, expriment les raisons de leur décision : absence d'attraction physique, différences de milieu social, écart de culture générale ou de mode de vie… Ces précisions peuvent accentuer le mal-être des personnes rejetées. Par conséquent, certains individus préfèrent disparaître sans laisser d'explications pour éviter de blesser davantage l'autre. Ils savent bien que le fait de prendre de la distance peut générer de la souffrance mais ils essayent malgré tout de protéger au mieux l'ego et la confiance des personnes avec qui ils ont apprécié échanger. Pour autant, ce comportement pourrait tout de même vous laisser un sentiment amer.

Témoignage de Audrey, 33 ans :

« Il m'est arrivé de ghoster des contacts quand mes limites n'étaient pas respectées, quand je me suis sentie oppressée ou quand j'avais la flemme de devoir expliquer à quelqu'un qu'il faut me respecter, et également la flemme d'être contrainte de répondre à tout le monde, surtout à des inconnus. Quand on me manque de respect, ça casse tellement quelque chose chez moi que je me sens hypocrite de continuer à parler à la personne. J'ai déjà été ghostée par des contacts qui m'avaient "promis" qu'on se reverrait. Être ghosté n'enlève rien à sa propre valeur. C'est chez celui qui ghoste que ça se joue. Je lis ou j'entends beaucoup de jugement là-dessus alors que ça n'est jamais simple de quitter quelqu'un ou de dire à quelqu'un qu'on ne veut plus le voir. Tout ça pour dire que tu n'as rien perdu, si la personne est partie, c'est qu'elle ne reconnaissait pas ta valeur. Une rupture, qu'elle soit formulée à l'oral, à l'écrit ou pas formulée du tout, ça fait mal. Mais ça finit par passer avec le temps et un peu de travail. »

Gardez à l'esprit que votre interlocuteur ne souhaite pas volontairement vous causer de peine et souhaite potentiellement vous permettre de rebondir rapidement pour poursuivre vos recherches et trouver le partenaire qui vous conviendra. Par ailleurs, il existe d'autres défis à surmonter dans votre recherche notamment le risque de développer une connexion une personne malintentionnée.

RECONNAÎTRE ET ÉVITER LES ARNAQUEURS

La dépendance affective et la solitude de certains célibataires sur les applications de rencontres constituent un terrain favorable à l'émergence de réseaux et de business qui cherchent à en tirer profit. Par conséquent, veillez toujours à vous interroger sur les intentions des interlocuteurs avec qui vous échangez de manière virtuelle et méfiez-vous des comportements suspects.

« Méfiez-vous de tout le monde et en particulier de ceux qui conseillent de vous méfier. »

Etienne de la Boétie, écrivain

Entre appât du gain et fausse empathie, les arnaqueurs utilisent des méthodes redoutables pour piéger leurs victimes grâce à des stratagèmes malhonnêtes pour leur extorquer de l'argent, notamment, sous forme de propositions de placements financiers fantômes, de chantage et de faux sentiments.

Le faux bienfaiteur

Votre interlocuteur vous semble très généreux car, au cours de votre échange, il partage son expertise et son analyse concernant la bourse, des plans financiers ou la crypto-monnaie. Il vous donne des conseils pertinents et finit par vous orienter vers des placements qu'il préconise. Il vous suffit de virer l'argent sur les comptes dont il vous communique les informations. Tout semble officiel. Rassuré par son sérieux et ses connaissances, vous suivez ses recommandations et vous effectuez les placements. La suite dépend de sa stratégie, soit il disparaît immédiatement avec l'argent, soit vous recevez les bénéfices perçus pour vous donner confiance. Cette deuxième hypothèse vous encourage à continuer à placer votre argent. Inévitablement, il finit par disparaître avec votre argent. Cela peut vous sembler absurde de tomber dans un piège aussi flagrant, pourtant il existe bien des cas de victimes piégées dans des situations d'extorsion.

Le maître-chanteur

Il ou elle vous entraîne dans un jeu de séduction érotique et vous propose de vous envoyer respectivement des photos intimes. Vous en recevez une de sa part. Cela vous donne l'impression que vous pouvez lui accorder votre confiance. Ne souhaitant pas le ou la décevoir, vous lui envoyez donc une photo à votre tour. Le jeu se termine abruptement. Au lieu de poursuivre vos échanges sensuels, votre interlocuteur menace de diffuser votre photo sur Internet. Pour garder votre intimité secrète, vous devez lui envoyer une somme d'argent. Le piège refermé sur vous, vous craignez qu'il conserve votre photo et poursuive indéfiniment son chantage. Cela peut vous paraître incongru de manquer de discernement dans ce genre de situations, pourtant des individus entretiennent des relations virtuelles sans se douter des intentions malveillantes de leurs interlocuteurs.

L'arnaqueur au grand cœur

Vous entretenez une relation virtuelle avec une ou un « inconnu » que vous espérez rencontrer quand l'occasion se présentera. En attendant, vous échangez quotidiennement sur tous les aspects de votre vie. La relation dure depuis des semaines voire des mois. Vous sentez un lien affectif et une connexion très forte avec cette personne qui vous apporte de l'écoute, du soutien et de l'affection. Toujours disponible, il ou elle semble incarner le partenaire tant espéré. Vous prévoyez enfin de vous rencontrer. Pour cette grande occasion, vous décidez de prévoir un voyage. Ne disposant pas de fonds suffisants, il ou elle vous demande d'avancer l'ensemble des frais et s'engage à vous rembourser prochainement. En échange, votre prétendant propose de se charger des réservations d'avion et d'hôtel. Vous lui transférez de l'argent sur son compte et vous attendez impatiemment de le ou la retrouver sur le lieu de vos vacances. Quelques jours plus tard, la désillusion vous envahit. Vous sentez la honte de votre naïveté. Votre interlocuteur a bloqué votre numéro et il vous a simplement effacé de sa vie en empochant l'argent pour votre prétendu voyage en amoureux. Ces faux prétendants appelés des « brouteurs » usurpent des photos pour se constituer de fausses identités. Leur méthode consiste à cibler une proie avec qui ils parviennent à créer une relation sentimentale virtuelle pour, in fine, leur extorquer de l'argent. Par conséquent, leurs victimes effectuent des transferts d'argent en se méprenant sur la réalité. En 2020, la *Federal Trade Commission* (agence gouvernementale de protection des consommateurs) aux Etats-Unis a estimé que ces pratiques engendrent, en moyenne, 2 500$ de dommages par victimes[38]. En cas de doute, pour démasquer un brouteur, proposez-lui un échange en visio. Si la personne disparaît, votre intuition paraît correcte. Vous pouvez aussi utiliser la barre de recherche de *Google Images* pour tracer la provenance d'une photographie. Il faut souligner que ce genre de situations ne doit pas entraver votre désir de rencontrer un partenaire en ligne. Tout en gardant à l'esprit l'existence de ce genre de risque, concentrez votre recherche pour trouver des personnes avec qui vous pourrez développer des liens affectifs sincères, ouvrant ainsi la voie à de belles rencontres.

Chapitre 6.
Engager et maintenir une conversation

Chaque étape franchie sur un site de rencontres constitue une petite victoire vous rapprochant progressivement de la rencontre qui peut bouleverser votre vie. Pour réussir votre objectif, gardez à l'esprit les qualités recherchées par vos potentiels interlocuteurs. Une grande majorité, soit 90%, privilégient l'honnêteté, 89% désirent être acceptés tels qu'ils sont, 84% recherchent un partenaire qui s'exprime bien et maîtrise le sens de l'humour, tandis que 80% souhaitent trouver quelqu'un partageant les mêmes centres d'intérêts[39]. Lorsque vous recevez la notification d'un match avec une ou un célibataire qui vous plaît, vous ressentez probablement une émotion intense mêlant excitation et questionnement jusqu'à ce que l'incertitude vous envahisse : débouchera-t-il sur un simple échange, éventuellement unilatéral, ou sur une véritable rencontre ? Néanmoins, si vous ne prenez pas l'initiative d'engager la conversation, cette étincelle risque de s'évanouir dans les méandres de la plateforme. Vous devez donc mobiliser toutes vos capacités pour rédiger le message qui attirera son attention. Par ailleurs, face à des échanges qui peuvent parfois prendre un tournant inattendu, il faut apprendre à réagir avec discernement en cas d'arrêt soudain d'une conversation ou en cas de comportements déplacés de la part de votre interlocuteur.

L'ART D'ENVOYER UN PREMIER MESSAGE CAPTIVANT

La métamorphose d'un simple match en une connexion réelle exige une bonne stratégie. Il faut cerner la personnalité de la personne à qui vous vous adressez pour toucher le point sensible qui va l'interpeller. Il existe différentes façons d'aborder une personne sur un site de rencontres mais malheureusement, il n'existe aucun modèle de message qui garantirait une réponse. Néanmoins, vous pouvez optimiser vos chances en privilégiant la rédaction d'un message qui saura éveiller la curiosité ou toucher la sensibilité de votre interlocuteur. Un sondage a mis en évidence le fait qu'un message pouvait séduire au-delà des photos de profil dans 29% des cas[40]. Pour cela, affinez votre approche en évitant les pièges et les clichés susceptibles de compromettre vos chances de succès.

Attirer l'attention

Parmi la multitude de messages envoyés quotidiennement sur les sites de rencontre, seulement une minorité d'entre eux parvient à retenir l'attention.

Témoignage de Sébastien, 48 ans :

« Pour ma part, je n'arrive pas à ouvrir une discussion avec quelqu'un que je ne connais absolument pas, que je n'ai jamais vu... Alors j'ai fait partie de ces « boulets » qui démarrent une conversation avec un nullissime « salut ». J'ai pourtant cherché des trucs drôles à dire, et j'ai tenté de les utiliser un peu à la chaîne, parce que je trouve mes blagues drôles... mais je dois être le seul dans ce cas ; je veux dire à les trouver drôles... et, évidemment, ça n'a pas marché. Alors, j'ai essayé de repasser en mode sobre. Ça n'a pas été mieux. Je ressens la pression induite par le fait d'être là pour plaire et séduire, entre l'obligation de briller et la concurrence omniprésente. Quand enfin, survient la micro excitation de recevoir un petit « bonjour », là, je perds tous mes moyens. Le naturel s'échappe au galop, et moi, je cours après. Sérieusement, je ne sais pas aborder quelqu'un avec le but d'ouvrir une quelconque relation derrière. »

La majorité des messages sombre dans l'indifférence, souvent en raison de l'incapacité de leurs auteurs à insuffler ce « je-ne-sais-quoi » qui éveillera l'intérêt de son destinataire. Alors, lancez-vous dans cet exercice délicat pour découvrir comment y parvenir et commencez par trouver le petit détail unique qui captera l'attention de votre interlocuteur en lui manifestant votre intérêt ou en mettant habilement vos similitudes en lumière. Pour vous aider, prenez connaissance d'exemples de messages pour déterminer ce qui fonctionne le mieux.

L'IMPORTANCE DE LA PERSONNALISATION

Les humains apprécient particulièrement que l'on s'intéresse à eux. Donc, le simple fait d'envoyer un message attentionné à une personne qui vous plaît peut significativement augmenter vos chances de nouer une connexion. Vous pouvez initier la conversation par une question ou un commentaire pertinent qui rebondit sur une information présente sur son profil. Cela permet de lui manifester spontanément votre intérêt, par exemple : « Hello, j'ai vu que tu aimais beaucoup voyager. J'ai toujours rêvé d'aller au Mexique, quel moment as-tu préféré dans ton voyage pour me donner des idées d'itinéraire ? Cette interrogation suggère deux aspects importants, d'une part, vous avez pris le temps de vous intéresser à son profil, d'autre part, vous partagez un intérêt commun pour les voyages ou la culture mexicaine.

ATTIRER L'ATTENTION GRÂCE AUX POINTS COMMUNS

Les utilisateurs d'applications de rencontres aspirent à trouver des individus avec lesquels ils peuvent établir une connexion profonde. L'une des stratégies les plus efficaces pour attirer l'attention de quelqu'un consiste à mettre en lumière les centres d'intérêts que vous partagez en commun, telle qu'une activité sportive, une passion, des préférences musicales, le même univers professionnel... En abordant un sujet qui résonne avec la vie de l'autre, vous pourrez initier un dialogue engageant pour la suite de vos échanges et communiquer votre souhait de vous rapprocher grâce à ce point commun. Cette démarche vous octroie aussi la possibilité de confier et partager des aspects de vos vies qui vous passionnent et qui peuvent l'intéresser. De plus, vous pourrez non seulement en apprendre davantage sur l'autre, mais aussi révéler des facettes de votre personnalité. Cette approche facilite l'établissement d'un lien plus personnel et authentique, qui peut s'avérer essentiel pour bâtir une relation enrichissante. Même si le choix d'attiser sa curiosité grâce à vos points communs peut constituer une première approche efficace, il existe de nombreuses autres options pour rédiger un texte d'accroche. Pour mieux discerner les types de messages qui se distinguent des autres, rien ne vaut une mise en situation réelle.

LES MESSAGES QUI PERFORMENT

Vous vous demandez certainement s'il vaut mieux envoyer un premier message avec une touche d'humour, de sincérité, de sensibilité, de poésie, de détachement... Cette question taraude de nombreux célibataires, comme le youtubeur passionné d'informatique *Micode* qui a souhaité obtenir des réponses éclairantes à ce sujet. Pour mener cette expérience, il a envoyé 10 522 messages sur l'application *Fruitz* pour tester l'impact de 10 phrases d'accroche. Elles ont été envoyées de manière aléatoire à des femmes par un profil d'homme[41]. Le premier constat de cette expérimentation concerne le taux de réponse moyen qui atteint 10,75%. Ensuite, l'une des informations intéressantes à retenir porte sur la phrase d'accroche qui se distingue des autres, il s'agit de : « Tu sais ce qui est intéressant avec ta photo de profil ? ». Ce message atteint le haut du classement avec un taux de réponse de 17,30%. Par comparaison, la phrase « Hello, ça va ? » a déclenché 8,93% de taux de réponse et 8,17% avec la phrase : « Quelle est la dernière chanson que tu as écoutée ? » Le taux de 12,93% a été obtenu avec la phrase : « Pour briser la glace, j'ai plusieurs possibilités et je te laisse le choix : 1. ma meilleure disquette 2. un fait random 3. une dad joke ». En outre, la phrase : « Ouvre n'importe quel livre à la page 53 et envoie-moi la première phrase." » a permis d'obtenir 11,50% de taux de réponse. Cette expérience valide l'importance de capter l'attention de votre interlocuteur pour susciter une réponse de sa part. Ainsi, la question « Tu sais ce qui est intéressant avec ta photo de profil ? » attise la curiosité de votre interlocuteur mais communique également l'information que vous avez pris le temps de regarder ses photos. En formulant ce genre de questions, vous évitez les banalités et les erreurs habituelles pour rédiger votre premier message.

Éviter les faux-pas

De nombreux inconnus se côtoient les uns les autres sur les plateformes de rencontres. Derrière ces différents profils, se trouvent des tempéraments et des trajectoires de vies uniques. Le fait d'identifier une résonance avec un profil peut vous donner l'impression qu'un lien se forme immédiatement entre vous. Cela peut vous entraîner à éprouver le sentiment de le ou la connaître, mais gardez à l'esprit que cette personne demeure inconnue, et que vous ignorez son tempérament, ses réactions, son histoire personnelle. Chaque individu communique selon ses propres codes avec ses perceptions et ses émotions. Prenez en compte sa sensibilité et son univers en évitant de lui adresser des messages stéréotypés et ajustez votre humour à la situation pour une approche à la fois respectueuse et habile. Enfin n'insistez pas après l'envoi d'un premier message et restez patient sans forcer le destin.

LE COPIÉ-COLLÉ, RACCOURCI VERS L'ÉCHEC

Le fait de recevoir un message publicitaire adressé à tout le monde capte probablement peu votre intérêt. En revanche, un courrier à votre nom se distingue davantage, surtout s'il présente une touche personnelle. Dans le contexte des applications de rencontres, un message générique s'apparente à une bouteille lancée à la mer. Cela donne l'impression que l'expéditeur ne cherche pas réellement à entrer en connexion avec un destinataire. Par conséquent, évitez d'envoyer un message d'une grande banalité du type « Salut, ça va ? » Étant donné que sur une application de dating, vous connaissez des informations sur la personne à qui vous vous adressez, rédigez un message sur-mesure pensé exclusivement à son attention. Prenez également soin de saisir les limites acceptables en termes d'humour ou de dérision avant d'envoyer votre message.

L'ART DE BIEN DOSER L'HUMOUR

L'humour constitue en général un atout important dans la séduction. Pourtant, utilisé de manière inadaptée, il se transforme au contraire en obstacle risquant de froisser ou même repousser l'autre. Rappelez-vous que la subjectivité de l'humour varie d'une personne à une autre, d'autant plus qu'il entraîne une résonance différente en fonction de l'ironie, du sarcasme, du second degré... surtout à l'écrit. Bien que l'humour permette souvent de détendre l'atmosphère et de briser la glace, un usage inapproprié peut engendrer des confusions et des malentendus. Ainsi, manier l'humour avec discernement et sensibilité s'avère crucial pour ne pas créer d'impair. Par exemple, la taquinerie peut vexer l'autre ou appuyer sur des zones douloureuses. Veillez donc à doser votre humour en fonction de la réaction et du tempérament de votre interlocuteur. Choisissez vos plaisanteries avec tact en évitant celles qui pourraient offenser ou le ou la mettre mal à l'aise. Quand l'humour crée un lien, il devient un outil de séduction puissant, capable de révéler votre intelligence sociale et votre capacité à créer une connexion profonde. Par ailleurs, la dérision de vous-même peut vous aider à identifier les situations où vous adoptez la mauvaise attitude, comme le fait de vous montrer envahissant.

L'INSISTANCE, LE PAS DE TROP

Sur une plateforme de rencontres, tous les scénarios peuvent émerger dans l'esprit des célibataires quand ils attendent une réponse au premier message qu'ils ont envoyé. Les optimistes imaginent que leur interlocuteur s'apprête bientôt à leur répondre alors que les pessimistes penchent rapidement vers l'idée que leurs efforts se soldent invariablement par un échec. Dans cette deuxième hypothèse, les personnes adoptent parfois la mauvaise attitude en devenant insistant. Qu'il s'agisse d'une incitation adressée à votre interlocuteur pour qu'il ou elle vous réponde, un second message pour « compléter le premier », ou bien un message pour tenter d'appuyer sur sa culpabilité. Toutes ces tactiques conduiront certainement au silence de votre interlocuteur ou à une réponse agacée ou défensive de sa part. Ce genre de messages révèlent notamment votre détresse émotionnelle et peuvent mener à l'effet inverse désiré, en repoussant votre interlocuteur. Par conséquent, si votre message reste sans écho, tournez la page. L'insistance peut empiéter sur l'espace et le temps de l'autre qui n'évolue pas forcément au même rythme que vous. Certaines personnes prennent le temps de répondre à leurs messages car elles réfléchissent attentivement à leur réponse ou simplement parce que leur emploi du temps ne leur permet pas de réagir plus vite. La patience, la compréhension et la flexibilité vous permettront de mieux réagir et de mieux communiquer avec les autres pour initier des interactions positives et pertinentes.

ENTRETENIR LA DYNAMIQUE DE L'ÉCHANGE

Lorsque vous recevez une réponse, le défi consiste dorénavant à entretenir la conversation et réussir à la mener jusqu'à l'envie de vous rencontrer. Cela implique à la fois de choisir les bons mots pour rédiger vos messages et de laisser suffisamment de place pour que l'autre s'implique dans votre échange. Pour atteindre cet objectif, la question peut se poser de recourir à des outils d'intelligence artificielle. Enfin, gardez à l'esprit d'adopter la bonne réaction si votre discussion s'interrompt soudainement ou si vous recevez des messages inappropriés, pour ne pas laisser ces mauvaises expériences peser sur votre recherche.

Témoignage de Maxime, 44 ans :

« Ce qui a été le plus difficile à gérer pour moi a été le passage de l'appli à la discussion plus profonde et régulière sur Whatsapp et la maudite option de confirmation de lecture. J'avoue que je pense être allé un peu vite, mais le feeling était là. Étant en vacances, j'envoyais des petites nouvelles, des petites blagues et quand je voyais qu'elle avait lu mais qu'elle ne répondait pas, là ça fusait dans ma tête toute la journée. Pourquoi ? Qu'est-ce que j'ai fait ? Je n'aurais peut-être pas dû dire ça parce qu'elle a pu l'interpréter comme-ci ou encore pire comme ça. Une effervescence à la limite de l'angoisse. Même lorsque le soir elle me disait être fatiguée de sa journée de boulot, je doutais encore de moi et imaginais 1000 choses. Alors je ne sais pas si je vais trop vite, si je réfléchis trop, mais en fait "draguer" en ligne, c'est à la fois grisant et angoissant. Je suis quelqu'un de contact, j'aime voir et ressentir comment la personne en face de moi accueille ce que je lui dis, ça me permet d'adapter, d'entreprendre ou de tempérer. Mais là en virtuel, j'avoue que c'est dur à gérer. Mais bon, c'est peut-être juste un apprentissage et ça ira mieux la prochaine fois. »

Oser la séduction à travers les mots

La formation d'une connexion entre deux célibataires qui apprennent à se découvrir en ligne s'appuie sur de nombreux aspects. Pour ne pas brusquer ce processus, veillez à adopter un rythme adéquat pour vous écrire et abordez les sujets sensibles avec discernement. En outre, le fait d'embrasser une vulnérabilité mesurée et réfléchie permet de vous présenter de manière ouverte et sincère, tout en préservant vos propres limites émotionnelles. Enfin, avant de mettre en pratique certaines techniques, prenez le temps de réfléchir aux idées préconçues autour de la séduction.

CRÉER UN LIEN AFFECTIF

Réussir à créer une connexion sincère sur un site de rencontres représente un défi dans un univers où les interactions peuvent rester superficielles et éphémères. Le fait d'échanger des messages avec un potentiel prétendant constitue le meilleur moyen de confirmer ou d'infirmer votre attirance initiale. Vous pouvez identifier le tempérament de la personne avec qui vous échangez, sa manière de réagir, de communiquer mais également ses convictions, ses attentes et ses objectifs de vie. Cet échange constitue aussi la première opportunité d'exprimer votre envie d'apprendre à connaître votre interlocuteur mais aussi de dévoiler subtilement votre intérêt et votre désir pour lui ou elle. N'oubliez pas que les sujets en surface peuvent vous empêcher de créer une connexion forte. Parler de vos centres d'intérêts, de vos vies professionnelles, vos voyages et vos goûts constitue une bonne entrée en matière pour s'échanger des messages. Néanmoins, ces « small talks » que l'on peut traduire par « conversations légères » peuvent aussi manquer de profondeur et mener à une forme de monotonie dans les échanges. Pour autant, évitez d'aborder des sujets trop personnels ou intimes de manière prématurée, tels que les détails de vos dernières relations ou les raisons de vos ruptures. Pour renforcer la connexion émotionnelle, vous pouvez partager des anecdotes et des expériences personnelles. Cela permet de révéler des aspects de votre personnalité de manière naturelle. La fluidité de l'échange dépend aussi du tempo qui s'installe entre vous.

MAÎTRISER LE BON RYTHME D'ÉCHANGE

Le fait de trouver quelqu'un qui semble répondre parfaitement à vos attentes peut naturellement vous inciter à souhaiter accélérer le processus de votre découverte, dans l'enthousiasme de rencontrer cette personne au plus vite. Néanmoins, il s'avère essentiel de respecter certaines étapes clés pour solidifier les fondations de votre lien. Ainsi, même si vous ressentez de l'excitation et de l'impatience, il importe de savourer vos échanges et de découvrir l'autre progressivement afin de confirmer votre souhait de le ou la rencontrer. Concernant le rythme des échanges, trouver le bon équilibre demeure crucial. D'un côté, répondre trop promptement peut suggérer votre disponibilité constante ou votre quête désespérée d'un partenaire. À l'opposé, retarder vos réponses pourrait donner une impression de désintérêt ou de surcharge d'activités. Il convient de noter que certaines plateformes affichent les moments de connexion. Votre interlocuteur peut donc voir ces indications. Vous pouvez consacrer un temps défini chaque jour pour parcourir et répondre à vos messages. Néanmoins, si votre interlocuteur répond rapidement, ne prolongez pas inutilement l'attente et répondez-lui. Cela montre votre envie de vous impliquer dans votre échange. De même, aborder les sujets délicats avec tact et finesse témoigne non seulement de votre souhait, mais aussi de votre aptitude à manifester votre considération envers l'autre.

L'EXPLORATION OU L'ÉVITEMENT DES SUJETS SENSIBLES

Dans l'environnement des plateformes de rencontres, la dynamique des interactions se distingue nettement de celles de la vie réelle. Les rencontres en ligne accélèrent fréquemment le processus de la découverte de l'autre et mènent rapidement à confier ses convictions et ses avis. En revanche, lors des rencontres en personne, la connaissance mutuelle se développe souvent de manière plus progressive, créant souvent une fondation plus solide avant de se lancer dans des discussions sur des thèmes sensibles. Cette progression graduelle favorise souvent une meilleure acceptation des différences de points de vue. Sur une application de rencontres, la révélation de certaines opinions peut conduire deux personnes à identifier un manque de compatibilité entre elles, sans pour autant chercher à dépasser leurs points de vue divergents de manière constructive. La bonne approche pour parler des sujets controversés s'avère donc bien délicate. D'un côté, vous pouvez les contourner pour éviter de mettre fin de manière prématurée à une discussion en cas désaccord. D'un autre côté, vous pouvez sonder rapidement les opinions de l'autre pour évaluer la compatibilité de vos points de vue. Dans l'hypothèse où vous ressentez un énorme « crush » (coup de cœur) pour une ou un célibataire et que vous ne voulez pas tout gâcher, veillez d'abord à consolider votre relation avant de vous lancer dans des sujets polémiques pouvant mener à des désaccords, comme le climat, les politiques migratoires ou les théories du complot. Gardez à l'esprit que la parfaite convergence d'opinions demeure une utopie. Le fait de vous montrer ouvert et tolérant peut enrichir vos interactions sans vous empêcher d'exprimer vos convictions et votre sensibilité. Les humains éprouvent souvent de la réserve à parler de leurs sentiments amoureux à la personne qu'il convoite. En effet, la peur de l'absence de réciprocité les empêche parfois de dévoiler leur désir et leur attachement. Cette appréhension peut persister, même dans le cadre d'une communication virtuelle, où l'anonymat partiel pourrait en théorie faciliter l'expression des émotions. Pour dépasser ce blocage, vous pouvez opter pour un dévoilement subtil de vos ressentis. Le fait d'adresser des compliments à votre interlocuteur instaure déjà votre volonté de lui manifester de l'intérêt. Au fur et à mesure que la conversation progresse, vous pouvez exprimer vos ressentis de manière plus explicite. Cela peut se traduire par la mise en avant de ce que vous aimez dans sa personnalité, l'écho émotionnel que provoquent ses mots, ou encore votre désir de transformer cette relation virtuelle en une rencontre réelle. L'exposition de vos sentiments peut vous donner l'impression de trop vous dévoiler mais elle permet de construire votre relation dans la confiance et la sincérité.

LA PLACE DE LA VULNÉRABILITÉ DANS LA SÉDUCTION

La volonté de séduire sur les applications de rencontres peut vous amener à éprouver de la réticence à vous montrer vulnérable, car il semble plus intuitif et valorisant de ne partager que les aspects positifs de votre vie et d'éviter d'évoquer les moments douloureux, vos échecs amoureux, vos regrets ou votre solitude. Pourtant, loin d'entraver la séduction, la vulnérabilité peut au contraire la développer et l'amplifier. L'attirance naît fréquemment des qualités et talents observés, mais l'attachement se renforce à travers la révélation de failles et d'imperfections qui vous rendent unique et attachant. En changeant de point de vue sur vos faiblesses, vous pourrez les transformer en atouts de séduction. La bonne attitude consiste à les aborder spontanément tout en évitant une mise en avant exagérée.

La force de l'hypersensibilité

L'hypersensibilité figure parmi les particularités parfois difficiles à dévoiler pour certains célibataires, encore plus particulièrement pour les hommes. Le manque de connaissance autour de ce sujet pousse des individus à l'associer à un excès de sensibilité. En réalité, l'hypersensibilité se manifeste par un traitement sensoriel très affûté et réactif aux stimuli, comme le fait d'entendre des nuances musicales ou des fausses notes que les autres ne remarquent pas. Il existe certainement autant d'hommes que de femmes hypersensibles étant donné que cette particularité découle d'un fonctionnement neuronal différent. Certaines personnes continuent pourtant de l'assimiler, à tort, aux émotions féminines ou à une forme de faiblesse. Par conséquent, malgré les évolutions culturelles, certains hommes éprouvent encore des difficultés à accepter et à revendiquer leur hypersensibilité. Ils ne souhaitent pas en parler, craignant éventuellement de se sentir trop exposés émotionnellement. Pourtant, en partageant cette facette de votre personnalité, vous invitez votre partenaire à mieux vous connaître et à apprécier la richesse de votre univers émotionnel. De plus, parler de votre hypersensibilité peut également constituer un moyen d'exprimer vos besoins et fixer vos limites. En outre, cela peut aussi renforcer votre lien émotionnel notamment grâce à votre capacité à ressentir de l'empathie pour votre partenaire. Enfin, cela permet aussi de montrer la profondeur de votre maturité émotionnelle. Cette notion joue un rôle majeur dans la séduction puisque la maturité émotionnelle figure parmi les cinq critères recherchés par les célibataires en vue de trouver un partenaire[42]. De plus, il apparaît que 82% des célibataires recherchent un partenaire mature sur le plan émotionnel[43]. Pour autant, le fait d'insister sur vos spécificités peut aussi entraîner une réaction défavorable de la part de votre interlocuteur.

L'importance de la vulnérabilité modérée

La vulnérabilité consiste à partager ses émotions, ses pensées profondes, ses désirs ou ses fragilités dans un état d'esprit de confidence. Néanmoins, il faut trouver le bon équilibre dans cette envie de se confier de manière authentique et transparente.

« Il faut cependant de la retenue, une certaine pudeur dans le dévoilement de sa vulnérabilité, éviter de prendre l'autre en otage, de lui jeter ma souffrance au visage. Tomber le masque trop tôt, de manière impudique ou déplacée, sans souci de son propre ressenti, risque de le faire fuir ou de le heurter. »

Charles Pépin, extrait de « La rencontre, une philosophie » [44]

La naissance d'une connexion émotionnelle réside souvent dans le bon ajustement entre le dévoilement mesuré de votre vulnérabilité et la consolidation d'un lien de confiance avec votre interlocuteur. La franchise concernant vos particularités intimes peut embarrasser votre interlocuteur. De même, confier vos sentiments naissants peut également refroidir votre interlocuteur si ces révélations surviennent de manière inattendue et précipitée. En dosant soigneusement la mise à nu de votre vulnérabilité, vous invitez votre interlocuteur à se confier également, créant une dynamique d'échange réciproque.

« Se montrer vulnérable autorise l'autre à faire de même, à oser se montrer comme il est, sans craindre d'être jugé, selon une loi élémentaire de la psychologie humaine : la réciprocité. »

Charles Pépin, extrait de « La rencontre, une philosophie »

De nombreux auteurs, à travers leurs écrits, proposent des perspectives variées et enrichissantes sur l'amour, proposant notamment de guider les lecteurs dans leur quête de relation. Ils proposent des modèles de pensée et des comportements à adopter pour favoriser une vie sentimentale épanouie. Cependant, il peut parfois s'avérer complexe de discerner si certains conseils en séduction conviennent à votre situation personnelle.

QUESTIONNER LES TECHNIQUES DE SÉDUCTION

La séduction sur un site de rencontres peut se heurter à différents obstacles, ce qui peut orienter des célibataires à rechercher des stratégies efficaces. Leurs doutes et leurs difficultés les entraînent parfois à appliquer des méthodes de séduction préconçues. Vous pouvez également penser que les autres réussissent mieux que vous et qu'ils maîtrisent mieux les codes et l'art d'échanger sur une application de rencontres. De même, si vous peinez à amorcer et à maintenir une conversation, vous vous demandez certainement si vous devriez changer votre méthode en adoptant, par exemple, ces techniques :

Jouer l'inaccessibilité : Vous imaginez qu'en projetant l'image d'une personne inatteignable, vous captiverez mieux l'attention de votre interlocuteur. Vous pensez qu'adopter une attitude distante peut susciter sa curiosité et son envie de vous séduire. En réalité, vous risquez de passer pour une personne imbue d'elle-même ou excessivement sûre d'elle. Au lieu de créer une attraction, cela peut conduire à une perception erronée de vos intentions et de votre personnalité.

Envoyer des signaux contradictoires : Vous pensez qu'en alternant des moments chaleureux et attentionnés et des moments froids et distants vous pourrez semer le trouble auprès de la personne qui vous attire. Vous pensez qu'elle devrait se sentir déstabilisée par une sensation de chaud et de froid et que cette situation peut intensifier son désir pour vous. Cette stratégie risque surtout de perturber votre interlocuteur dans un sens plutôt négatif. Par crainte d'une relation toxique, il peut simplement disparaître.

Répondre tardivement aux messages : Vous choisissez intentionnellement de laisser du temps s'écouler avant de répondre à vos messages pour donner l'impression de paraître occupé ou très sollicité afin de vous rendre plus désirable. Attention, ce comportement peut conduire votre interlocuteur à s'imaginer que vous manquez d'intérêt ou de désir pour lui ou elle ou vous considérer comme une personne irrespectueuse.

Manquer de clarté sur vos intentions : Vous cherchez une relation éphémère ou sans engagement. Néanmoins, vous restez volontairement flou concernant cette précision pour éviter de réduire vos chances de rencontre. Vous distillez l'espoir que vous pourriez éventuellement vous engager dans une relation sérieuse dans le but de séduire votre interlocuteur. Ce manque de clarté peut pousser l'autre à percevoir de la confusion quant à la direction à prendre ou la manière de répondre à vos avances. Votre attitude peut aussi mener à des déceptions et à des sentiments d'amertume envers vous.

Ces « techniques de séduction » peuvent engendrer de la frustration et de la confusion. Jouer sur les émotions de l'autre provoque inévitablement des réactions négatives, voire parfois imprévisibles. L'utilisation de ces tactiques risque d'éloigner celui ou celle que vous cherchez à séduire. Une relation se construit sur la base d'une communication ouverte et sincère. Cela implique aussi de laisser de la place pour que l'autre puisse s'exprimer.

Veiller à l'importance de la réciprocité

Le monologue met en lumière des personnes qui s'expriment avec charisme et confiance, parfois au détriment d'individus qui les écoutent dans l'ombre et qui peinent parfois à prendre la parole. Cette sensation peut aussi concerner les échanges à l'écrit. Une conversation enrichissante dépend de la complémentarité et de la fluidité des échanges entre deux personnes qui cherchent à se découvrir. Pour installer cette harmonie, veillez à ne pas dominer le dialogue et à encourager activement la participation de votre interlocuteur. Cela permet non seulement de créer un dialogue équilibré, mais aussi de construire un échange plus profond.

ÉVITER DE MONOPOLISER LA DISCUSSION

Les premiers échanges sur un site de rencontres s'apparentent à des fleurs qui éclosent avec surprise et émerveillement et se fanent parfois rapidement en raison d'éléments extérieurs qui les fragilisent. Par conséquent, veillez à apporter la plus grande délicatesse à un échange qui se forme. Accordez de l'importance à chaque message que vous enverrez en choisissant les bons mots pour créer un échange engageant. Vous pouvez reproduire le schéma de « pensée en arborescence » : un message développe une idée qui entraîne une réponse qui vous permet de rebondir sur une autre pensée… Cela vous permettra de faire évoluer le fil de discussion en vous enrichissant progressivement des sujets que vous partagez sans stagner sur le même sujet. Veillez à toujours analyser si la personne semble réceptive à vos échanges. Cela permet de vérifier que vous restez en phase. En cas de perte d'intérêt manifeste, interrogez-vous : ai-je dominé la conversation avec un sujet qui m'anime particulièrement ? Mes interventions encouragent-elles des retours ? Mes questions incitent-elles à des réponses étoffées et approfondies ? Cette introspection permet de réajuster la dynamique de vos échanges et d'impliquer davantage votre interlocuteur si vous sentez qu'il ou elle reste un peu en retrait.

ENCOURAGER L'AUTRE À S'EXPRIMER

Certaines personnes, guidées par une nature réservée ou une gêne vis-à-vis de l'expérience du dating en ligne, restent sur leurs gardes lorsqu'il s'agit de se confier et de s'exprimer ouvertement à l'écrit. Cette réticence s'intensifie parfois par la crainte d'exposer des détails intimes à des inconnus. Ce genre de situations peut entraver la fluidité de vos échanges, voire créer des malentendus, comme le fait de croire que votre interlocuteur se désintéresse de vous. Si vous percevez ces barrières ou des inquiétudes, il devient essentiel de vous montrer sécurisant pour la ou le mettre en confiance. Vous pouvez préciser que vous cherchez une interaction sincère et respectueuse. Ce genre de remarque rassurante peut suffire à dissiper les doutes et à ouvrir la voie à des échanges plus profonds et enrichissants. Une fois la connexion enclenchée, vous pouvez progressivement aider votre interlocuteur à se dévoiler en lui montrant que vous ne jugerez pas ses propos et que vous appréciez sa volonté de sortir de sa coquille. Prenez soin d'alimenter votre échange en lui posant des questions sur son histoire personnelle. Veillez à varier les sujets en équilibrant profondeur et légèreté pour vous découvrir mutuellement sous différents aspects. Les difficultés rencontrées pour établir une conversation à la fois dynamique et captivante peuvent amener à réfléchir sur l'opportunité de recourir à une aide extérieure.

L'IA, Cyrano des temps actuels

Dans l'œuvre d'Edmond Rostand[45], le jeune Christian sollicite l'aide de Cyrano de Bergerac pour écrire à sa place des lettres d'amour pour séduire Roxane. Christian parvient à gagner le cœur de Roxane avec les mots de Cyrano. Ironiquement, malgré son attirance pour la beauté extérieure de Christian, Roxane se trouve, en réalité, charmée par l'âme poétique et la sensibilité de Cyrano. De nos jours, face aux défis de la séduction en ligne, certains célibataires pourraient envisager d'employer des intelligences artificielles pour rédiger des messages à leur place. 23% des célibataires se déclarent enclins à utiliser un assistant basé sur une IA pour rédiger des messages à leur place. Parmi les 6% de célibataires qui l'utilisent déjà dans leur expérience de dating, 37% s'en servent pour rédiger un premier message à leur place[46]. Au-delà des avantages de l'IA, il faut aussi prendre en compte leurs inconvénients pour les utiliser avec le bon discernement.

LES ATOUTS DE L'IA

L'intelligence artificielle révolutionne progressivement la manière dont les humains rédigent des contenus. Au-delà d'un simple outil technologique, l'IA devient un assistant rédactionnel capable de se substituer à l'humain dans une grande variété de contextes. Grâce à des algorithmes avancés et un apprentissage continu, l'IA peut comprendre et imiter les subtilités de la communication humaine. L'une des prouesses de l'IA réside dans sa capacité à générer des messages non seulement bien rédigés sur le plan grammatical et du style, mais également pertinents en fonction du contexte spécifique de l'échange. De plus, elle peut proposer des contenus dotés d'une touche d'humour et d'empathie. L'IA s'adapte à une multitude de sujets et de requêtes, offrant ainsi la possibilité de l'orienter pour rédiger des messages sur mesure. Cela ouvre des perspectives pratiques pour engager une communication personnalisée et efficace avec des messages qui peuvent captiver votre interlocuteur et exprimer vos idées de manière plus percutante. Tout comme dans l'histoire de Cyrano, cette démarche pose un dilemme moral : pouvez-vous créer des connexions sincères en utilisant une assistance artificielle ?

LES LIMITES DE L'IA

Bien que l'IA puisse imiter une interaction humaine, elle ne peut pas remplacer la profondeur et la complexité de l'expression personnelle. L'emploi de l'IA dans ce contexte revient à exprimer des ersatz de sentiments et de pensées. Pour s'investir émotionnellement dans une relation, cela exige une réflexion personnelle approfondie sur ses propres sentiments, ses désirs, et la manière dont on choisit de les partager avec autrui. Cette introspection et ce partage sincère constituent le cœur des interactions humaines. L'emploi de l'IA dans ces circonstances peut créer un décalage émotionnel dans la communication avec votre interlocuteur. D'un côté, il ou elle s'engage sincèrement tandis que vous restez en retrait sans vous impliquer sur le plan émotionnel et affectif. En effet, l'empathie et le partage de vos émotions ne peuvent pleinement se reproduire par une IA. Par conséquent, le fait d'envoyer des messages dépourvus de sincérité peut se percevoir du côté de votre interlocuteur qui peut décider de prendre ses distances.

Quand l'échange ne se déroule pas comme prévu

L'évolution d'une relation virtuelle ne repose pas uniquement sur les qualités relationnelles et de communication des personnes qui s'écrivent. Au-delà de la création d'un lien entre deux univers, cela implique l'envie réciproque de développer cette connexion. Malgré tous les efforts déployés, il arrive que la magie n'opère pas. Certains échanges, initialement prometteurs, peuvent s'évanouir. D'autres interactions peuvent prendre une tournure inattendue, menant à des situations problématiques.

COMPRENDRE LES RAISONS DE LA FIN PRÉMATURÉE D'UN ÉCHANGE

Les perspectives d'évolution d'une relation virtuelle dépendent de plusieurs paramètres, notamment la réciprocité de l'attirance, la compatibilité, la correspondance des objectifs de vie… Inévitablement, de nombreuses tentatives de relation se soldent par l'arrêt de la discussion faute de réunir l'ensemble de ces conditions. Si vous constatez que votre interlocuteur ne vous correspond pas ou que vos attentes divergent, inutile de poursuivre la discussion par politesse ou par empathie. Prenez soin de lui préciser que vous ne souhaitez pas prolonger votre conversation plutôt que de disparaître sans explications. Libre à vous de partager ou non les raisons de votre décision. Vous pouvez préciser les éventuels aspects positifs de vos échanges si vous craignez de le ou la blesser pour adoucir la situation. Dans le cas où la discussion s'interrompt du côté de votre interlocuteur sans raison apparente, vous pouvez lui demander des éclaircissements.

Cette démarche vous permettra de mieux comprendre la situation et, éventuellement, d'en tirer des enseignements bénéfiques. Dans l'hypothèse où vous restez dans l'expectative, vous pouvez mener un examen personnel pour évaluer votre attitude, le contenu et la qualité de vos échanges et les circonstances qui ont pu mener à l'arrêt de votre discussion. Avez-vous accordé suffisamment d'attention à l'autre ? Avez-vous manifesté des signaux négatifs ? Constatez-vous une maladresse de votre part ou un manque de tact ? Le fait d'analyser votre mode de communication permet de réajuster votre façon de communiquer avec les autres. N'oubliez pas que vos messages ne communiquent ni l'intonation de votre voix, ni votre langage corporel, vous pouvez par maladresse écrire des messages qui peuvent donner des impressions différentes de vos intentions. Gardez aussi à l'esprit que votre interlocuteur ne vous connaît pas, par conséquent, il ne peut pas deviner que vous utilisez de l'ironie ou du second degré. Par ailleurs, certains comportements peuvent s'avérer rédhibitoires dans cette phase de découverte, comme le fait de négliger les besoins et les limites fixées par votre interlocuteur, adopter un excès de familiarité, effectuer des connotations sexuelles inappropriées, communiquer de manière agressive... De même, la dépendance affective peut également ruiner le début de votre relation virtuelle.

« Ceux qui sont en quête d'amour ne font que manifester leur propre manque d'amour, et les sans-amour ne trouvent jamais l'amour. Ne le trouvent que ceux qui sont aimants, et ils n'ont jamais à le chercher. »

D.H. Lawrence, écrivain

La dépendance affective se manifeste souvent par la peur incessante du rejet vous amenant à interpréter de manière négative toute forme de communication qui ne vous semble pas assez démonstrative. De même, la crainte de ne pas correspondre aux attentes de l'autre peut engendrer un comportement où vous vous efforcez constamment de chercher à lui plaire et à vous adapter à ses désirs, au détriment de vos propres besoins. Ce genre d'attitude peut vous mener à tolérer des comportements négligents ou toxiques.

RÉAGIR EN CAS DE CONTENU INAPPROPRIÉ ET DE HARCÈLEMENT

L'avènement des réseaux sociaux sur Internet a donné lieu à l'émergence de comportements agressifs, insultants et haineux, exacerbés par l'anonymat caché derrière des pseudonymes. Cette tendance se retrouve également sur les applications de rencontres, où l'identité partielle peut parfois encourager des comportements déplacés. Sur des plateformes comme *Tinder*, les dynamiques de *likes* et de *matchs* diffèrent considérablement entre hommes et femmes. Les statistiques montrent qu'un homme hétérosexuel ne voit que 1 à 2 % de ses *likes* se transformer en « matchs », tandis qu'une femme convertit 50 % de ses *likes*[47]. Cela signifie qu'une femme obtient un match réciproque dans la moitié des cas où elle a manifesté de l'intérêt pour un profil, alors que pour un homme, ce taux chute à une fois sur cinquante. Cette situation peut entraîner chez certains hommes un sentiment de frustration qui peut se concrétiser par l'envoi de messages inappropriés, agressifs ou même par du harcèlement. Selon une étude menée en 2018 par l'*Ifop*, 69% des femmes subissent au moins une forme de harcèlement sur les plateformes de rencontres au cours de leur expérience en ligne, cela représente plus de deux femmes sur trois[48]. Ces formes de harcèlement incluent des avances répétées et non désirées, des commentaires obscènes à connotation sexuelle, ainsi que l'envoi de « dick pics » (photos non sollicitées d'organes sexuels). Face à de telles attitudes que vous ne consentez pas, vous pouvez exprimer clairement votre refus de continuer à recevoir ce genre de messages de la part de votre interlocuteur. Vous pouvez aussi utiliser les fonctionnalités de signalement et de blocage des profils qui se livrent à de telles pratiques. En cas de harcèlement, contactez les autorités compétentes pour déposer une plainte. Pour utiliser les sites de rencontres de manière sécurisée, agissez toujours avec prudence et discernement. Par ailleurs, prenez soin de ne pas partager de manière prématurée vos informations personnelles, le partage de détails apparemment mineurs, comme votre compte Instagram, peut déclencher des implications inattendues. Gardez malgré tout à l'esprit que de nombreuses personnes trouvent des partenaires compatibles et vivent des histoires d'amour réussies grâce aux rencontres en ligne.

Chapitre 7.
Évoluer du virtuel au réel

Trouver un partenaire compatible sur un site de rencontres ne se résume pas à une simple interaction réussie, cela requiert de la patience, de la disponibilité, de l'énergie et de l'investissement. Il convient donc d'évaluer avec discernement votre envie de poursuivre votre aventure à chaque étape du parcours pour éviter de vous investir inutilement. Lorsque vous atteignez la jonction entre le virtuel et le réel, prenez le temps de vérifier que l'envie de se rencontrer résonne des deux côtés. Vous devez également saisir les contextes où l'évidence ne se manifeste pas. Par contre, quand vous percevez l'opportunité idéale pour suggérer un rendez-vous, formulez votre proposition avec adresse. Enfin, armez-vous de résilience en cas de refus de la part de votre interlocuteur.

ÉVALUER LE DÉSIR DE SE RENCONTRER

Les humains possèdent tous leurs propres façons de communiquer, ils doivent donc développer des capacités d'écoute et de d'empathie pour se comprendre les uns les autres. Pour décoder les signaux qui indiquent le désir de votre interlocuteur de vous rencontrer, vous devez comprendre ce qu'il vous dit, mais aussi ce qu'il ne vous dit pas, et aussi interpréter les nuances de son comportement. Pour vous aider à y voir plus clair, vous pouvez proposer de vous parler à l'oral. Toutes ces démarches peuvent vous donner des indices pour évaluer les prémices de votre compatibilité.

Analyse de la réciprocité

Avant de vous apprêter à inviter votre interlocuteur en tête-à-tête, vous pouvez prendre un moment de réflexion pour évaluer les signes de votre attraction réciproque. Une conversation dynamique et engageante constitue un bon indicateur mais ne suffit pas à en tirer une conclusion suffisamment éclairante. Il faut chercher les indices révélateurs dans vos échanges pour y voir plus clair. Si votre interlocuteur mentionne des activités ou des lieux qu'il ou elle souhaite découvrir, cela peut indiquer son désir de les partager ensemble. Portez également attention aux allusions subtiles et aux propositions potentiellement dissimulées dans votre échange. Par exemple, si votre interlocuteur manifeste de l'intérêt pour un film ou un événement comme un concert, cela pourrait constituer une invitation indirecte, suggérant qu'elle aimerait s'y rendre avec vous. Dans ce cas, vous pourriez prendre l'initiative de proposer de l'accompagner. Avant de concrétiser un rendez-vous, assurez-vous de partager des points communs et des intérêts similaires. Cela contribue à une rencontre plus naturelle et enrichissante.

Prendre en compte les premiers signes de compatibilité

Le fait de matcher et d'échanger avec quelqu'un sur une application de rencontre ne constitue pas la garantie de votre compatibilité. Pour évaluer la pertinence d'une potentielle relation, vous pouvez analyser divers indices et points essentiels. L'un des aspects les plus importants à connaître porte sur le type de relation que recherche l'autre et de vérifier si celui-ci correspond à vos attentes. Se rendre à une première rencontre sans cette information essentielle peut mener à une perte de temps, surtout si vos objectifs diffèrent considérablement. En outre, l'ignorance de ses intentions peut engendrer des malentendus et des déceptions. Avant de planifier une rencontre en face à face, prenez le temps d'identifier les valeurs et les principes qui vous unissent. Cette démarche prend d'autant plus d'importance si vous envisagez une relation à long terme. Connaître les valeurs fondamentales de votre interlocuteur, ses croyances, ses convictions, notamment en matière de politique, de religion, peut s'avérer essentiel pour poursuivre vos échanges. N'hésitez pas à aborder ces sujets en amont de votre rencontre pour éviter des surprises désagréables lors de votre premier rendez-vous. D'après une enquête réalisée par l'*Ifop* en 2023, 45% des célibataires expriment des réserves quant à l'idée de démarrer une relation avec quelqu'un dont les opinions politiques diffèrent radicalement des leurs[49]. Cela souligne l'importance de la compatibilité des valeurs et des opinions dans la construction d'une relation durable. En posant des questions pertinentes, vous augmentez vos chances de rencontrer quelqu'un qui partage non seulement vos intérêts, mais aussi vos convictions et votre vision du monde. Pour approfondir ces sujets, vous pouvez poursuivre vos échanges en utilisant d'autres moyens de communication.

La communication au-delà des messages écrits

Le fait d'échanger des messages ne suffit pas forcément à vous assurer qu'il existe une alchimie entre vous. En effet, les échanges à l'écrit peuvent manquer de spontanéité et vous maintenir dans une fausse impression de connexion. Donc pour y voir plus clair, vous pouvez proposer de vous parler au téléphone, vous envoyer des messages vocaux ou vous parler en visio. Par ailleurs, 60% des femmes préfèrent organiser un rendez-vous en vidéo avant une première rencontre[50]. En effet, cette étape intermédiaire permet immédiatement de percevoir si le son de la voix et la façon de parler de votre interlocuteur vous donnent envie de poursuivre votre relation virtuelle. De plus, cela permet de vous assurer que votre conversation s'instaure de manière fluide et naturelle et que vous vous sentez mutuellement à l'aise pour communiquer ensemble. Un échange en visio dispose de nombreux avantages, pour commencer, vous pouvez instantanément vous assurer que votre interlocuteur ressemble à ses photos, enfin cela permet d'échanger de manière plus naturelle sans intellectualiser vos réponses, comme à l'écrit. De plus, le fait de découvrir l'ambiance du lieu de vie de votre interlocuteur permet de franchir une étape qui intervient généralement après plusieurs rendez-vous. Vous pouvez ainsi évaluer si son mode de vie et ses goûts correspondent avec les vôtres. Enfin, le fait de parler en visio permet d'économiser du temps et d'arrêter vos échanges si vous ne souhaitez pas aller plus loin après votre rendez-vous virtuel. En effet, dans certaines situations, il vaut mieux se retenir de poursuivre certaines relations.

ÉVITER DE FORCER CERTAINES RENCONTRES

Envisager une première rencontre mène parfois à osciller entre espoir et prudence. L'envie de transformer une relation virtuelle en une rencontre peut surgir comme une évidence, mais dans certaines situations quelque chose bloque. Un message, un mot, une attitude éveille un sentiment d'inconfort et mène à s'interroger sur la pertinence de la rencontre.

En cas de comportement toxique

L'adage « l'amour rend aveugle » trouve une résonance particulière dans le contexte des rencontres en ligne où l'espoir de vivre une grande histoire d'amour peut désorienter. Sur les sites de rencontres, certaines attitudes parfois perçues comme romantiques méritent une attention particulière. Par exemple, des comportements tels que la possessivité et la jalousie, souvent glorifiés dans les récits d'amour, peuvent en réalité constituer des signes avant-coureurs de problèmes relationnels. Si vous constatez que votre interlocuteur présente un comportement préoccupant ou clairement toxique, tels que des mensonges répétés, une tendance à vous dénigrer, un manque de respect... Dans ces situations, mettez un terme à votre relation. Le fait d'ignorer ces avertissements peut non seulement compromettre votre bien-être émotionnel, mais également vous exposer à des risques plus problématiques par la suite. Des comportements qui peuvent paraître anodins ou ambigus en ligne peuvent en réalité masquer des traits de personnalité narcissiques, manipulateurs ou même abusifs. Pour autant, il ne faut pas juger trop vite un comportement qui vous déplaît ou vous déçoit.

En cas de signaux ambigus

Le fait de communiquer virtuellement avec quelqu'un complique souvent la compréhension de son comportement et de ses intentions. Face à l'absence d'indices visuels, tirer une conclusion s'avère parfois inexacte. Si vous observez un manque de fiabilité, de la réticence à partager des informations personnelles, un comportement distant ou désinvolte... vous pouvez vous interroger sur la suite à donner à votre échange. Vous pourriez envisager de mettre fin à la relation ou bien de rencontrer votre interlocuteur pour voir où cela peut vous mener. Cette dernière option peut s'avérer particulièrement éclairante, car certaines personnes communiquent mieux dans la réalité. En effet, les dynamiques de la communication virtuelle ne conviennent pas à tous, et certaines personnes peuvent se révéler plus ouvertes et authentiques dans des interactions en face-à-face. Dans cette optique, une rencontre pourrait éclairer des aspects de la relation qui restent flous. Lorsque la voie vers une première rencontre amoureuse semble libre de tout obstacle, vous devez trouver le bon moment pour suggérer un rendez-vous.

L'INSTANT PRÉCÉDANT LA RENCONTRE

L'aboutissement d'une relation virtuelle se réalise pleinement au moment de transformer l'imaginaire en réel. Dans l'univers virtuel, il manque des pièces essentielles pour constituer le puzzle. Vous ne possédez que des fragments épars de la personnalité et de l'histoire de la vie de votre interlocuteur. La rencontre dans le réel vous permet de découvrir le puzzle dans son intégralité. Tous les éléments dispersés peuvent enfin se réunir pour révéler l'image complète de votre potentiel prétendant. Avant de concrétiser cette prochaine étape, il convient, d'abord, de choisir judicieusement le moment idéal pour initier cette rencontre et d'aborder le sujet de manière adaptée en fonction du contexte.

Entre attente et précipitation : trouver le bon moment

Certaines personnes s'empressent de se rencontrer le plus tôt possible alors que d'autres cultivent la patience, laissant le désir s'intensifier. Le moment idéal dépend d'une multitude de facteurs : les désirs individuels, les circonstances personnelles, la distance géographique, et bien d'autres éléments à prendre en compte. Dans le cas où la rencontre intervient après une longue période d'échange, il peut se produire deux types de situations. D'une part, cela peut engendrer une relation très solide où les deux personnes se découvrent et s'acceptent pleinement, sans condition ni réserve. A l'opposé, une longue relation épistolaire peut mener à une grande déception lors de la rencontre réelle. Cette désillusion survient souvent après une idéalisation excessive de l'autre. Échanger avec quelqu'un que vous connaissez seulement à travers des mots peut mener à vous représenter une image idéale et irréelle. Plus l'attente se prolonge, plus l'imagination embellit cette image, augmentant ainsi le risque du désenchantement à l'instant où vous vous retrouvez en face-à-face. Donc, si vous sentez une bonne connexion avec la personne avec qui vous échangez et que vous vous sentez prêt à la rencontrer, saisissez l'instant. Néanmoins, l'empressement à transformer une connexion virtuelle en réalité peut aussi mener droit à une désillusion. Avant de sauter le pas de la rencontre, prenez donc le temps de creuser au-delà de la surface pour échanger de manière approfondie. Cette phase de découverte peut vous permettre de démasquer l'illusion d'une compatibilité qui n'existe finalement pas. Le fait de prendre un moment de réflexion plutôt que de vous précipiter peut vous épargner l'expérience d'un rendez-vous raté. Par contre, si vous sentez, de manière consciente ou intuitive, que vous vous apprêtez à vivre une belle rencontre, prenez l'initiative de proposer un rendez-vous à votre interlocuteur.

Réussir son invitation

L'ancienne coutume cérémonieuse des invitations a cédé sa place à des pratiques plus informelles et digitalisées. Pourtant, autrefois cette tradition incarnait une marque de considération et de raffinement envers la personne conviée. Aujourd'hui, l'art de l'invitation a évolué en usage plus direct et fonctionnel. Pour réussir votre invitation, optez pour une proposition claire tout en y apportant une certaine souplesse. Cela implique de suggérer un lieu et une date tout en vous montrant souple sur la possibilité de vous accorder ensemble sur ces éléments. Cette approche permet de respecter les préférences et le confort de l'autre. Si vous possédez un tempérament anxieux, échangez à l'avance concernant l'organisation du rendez-vous pour minimiser les surprises et les désagréments et apaiser vos appréhensions. En outre, dans le cadre de rencontres hétérosexuelles, la question de savoir s'il existe une norme selon laquelle l'homme devrait prendre l'initiative du rendez-vous reste débattue. Bien que certains puissent considérer cette tradition comme dépassée, d'autres la voient comme une norme toujours valable. Néanmoins, les perceptions évoluent puisqu'une étude menée par l'*Ifop* en 2021 précise que 77 % des femmes estiment normal qu'une femme prenne l'initiative d'un rendez-vous, mais 90% d'entre elles préfèrent attendre que les hommes entreprennent quand même le premier pas[51]. Dans ce contexte, celui ou celle qui prend l'initiative de proposer une rencontre s'expose inévitablement au risque d'un refus.

GÉRER LES RÉPONSES NÉGATIVES

La trajectoire d'une relation virtuelle destinée à se transformer en réalité peut prendre de multiples directions imprévues. Même lorsque les interactions semblent couler de source, des obstacles inattendus peuvent surgir. Le risque d'un refus ne doit pas vous dissuader de tenter votre chance, mais vous devez vous préparer à cette éventualité. Entre le moment où vous envoyez votre proposition et la réception de la réponse, le temps reste suspendu jusqu'au moment de délivrance mettant fin au suspense. Deux types de réactions peuvent se dessiner D'un autre côté, il ou elle choisit de décliner votre proposition. D'un côté, votre interlocuteur montre des signes d'hésitation, oscillant entre envie et réserve. Dans ces moments, gérer vos émotions et répondre avec tact s'avère crucial. Dans chacune de ces situations, la clé repose sur la compréhension, le respect et une communication habile.

En cas de refus

Le choix de décliner votre proposition peut découler de diverses raisons qui n'entraînent pas systématiquement une explication censée. Dans cette situation, la meilleure réaction consiste à accepter la décision de votre interlocuteur sans exprimer votre déception ni tenter d'interférer sur sa volonté. Si vous ressentez le besoin de comprendre les raisons de son choix en vue d'améliorer vos futurs échanges, vous pouvez engager une conversation constructive en lui demandant les raisons de son refus. L'analyse de cette situation peut vous aider à réajuster votre façon de communiquer pour vos prochains échanges. Cette réaction positive évite de vous apitoyer. Si vous vous sentez déçu et frustré, gardez en tête que vous pourrez mieux réussir la prochaine fois. Il existera de nouvelles opportunités qui peuvent néanmoins déclencher de nouvelles interrogations, comme le fait de trouver la bonne attitude face à une personne qui ne parvient pas à se décider suite à votre proposition.

En cas d'hésitation

Effectuer un choix implique d'évaluer toutes les possibilités et les conséquences pour prendre la meilleure décision. En cas de doutes, de peurs ou d'interrogations concernant l'évolution d'une relation, la perspective de se retrouver en tête-à-tête peut devenir une source d'anxiété. En cas de réponse hésitante de la part de votre interlocuteur, demandez-lui avec délicatesse si quelque chose compromet son envie de vous rencontrer. Cela permet de créer un espace de dialogue où il ou elle pourra exprimer ses questionnements. S'il ou elle partage sa crainte de rencontrer un inconnu ou la peur de la déception, vous pouvez le ou la rassurer et communiquer également vos ressentis. S'il ou elle exprime des incertitudes concernant votre compatibilité ou son attirance pour vous, évitez d'insister ou de chercher à le ou la faire changer d'avis. Respectez son rythme et laissez-lui le temps de réfléchir.

« Le verbe aimer est difficile à conjuguer : son passé n'est pas simple, son présent n'est qu'indicatif et son futur est conditionnel. »

Jean Cocteau, cinéaste

Construire une relation avec un partenaire sur un site de rencontres exige d'acquérir la bonne approche. Il ne suffit pas de trouver une plateforme qui propose de nombreux profils, il faut comprendre les mécanismes des relations humaines qui se forment dans ce contexte digital et identifier le type de profils avec qui vous pourrez aisément créer une connexion particulière. Vous devez également vous engager à mettre toutes les chances de votre côté en vous présentant d'une façon attirante mais fidèle à la réalité aussi bien dans votre profil que dans vos échanges. Cette expérience virtuelle vous incite à développer vos compétences inter et intra personnelles pour mieux vous connaître mais aussi pour analyser le comportement de vos interlocuteurs. Cette attitude vous aidera à mieux cerner ceux qui partagent vos envies et vos perspectives pour évoluer vers une direction commune. En complément, le fait d'adopter un comportement sincère et d'échanger avec des personnes qui partagent cette vision constitue un repère solide pour envisager des rencontres pertinentes. Le manque d'authenticité peut constituer un frein dans le déroulement d'une relation car cette attitude peut masquer des aspects qui peuvent finir par vous surprendre ou vous décevoir. Il vaut mieux déceler ces points de questionnement le plus vite possible pour éviter de vous engager davantage avec un partenaire peu fiable ou qui dissimule des facettes de sa personnalité. En gardant à l'esprit l'importance de l'authenticité dans l'évolution de vos échanges, vous parviendrez davantage à vous projeter vers une rencontre où vous vous sentirez plus en confiance et en harmonie avec votre interlocuteur. Combien de rendez-vous amoureux se retrouvent ratés parce que des personnes ne se montrent pas franches et sincères dès le départ ? Pour éviter ce genre de mauvaise expérience, accordez-vous suffisamment de temps pour bien saisir le tempérament et les véritables intentions de la personne que vous vous apprêtez à rencontrer. Pourriez-vous identifier des personnes ou des situations où vous avez senti un manque d'authenticité qui vous a empêché d'aller plus loin ? Il faut parfois plusieurs échanges et plusieurs rencontres pour mieux saisir les nuances du comportement humain. Plus vous évoluerez tout au long de votre expérience et plus vous identifierez spontanément les personnes qui vous correspondent pour partager vos univers en harmonie.

Témoignage de Sahra, 51 ans :

« *Je me suis inscrite sur des sites de rencontres classiques pour donner de la chance à la chance. Et je peux dire que finalement les personnes qui arrêtent d'écrire du jour au lendemain se retrouvent partout. J'apprends qu'il ne faut rien attendre, juste se laisser suspendre. J'apprends à lire entre les lignes. En quelques phrases je teste la répartie. Et je rencontre vite. La rencontre réelle est déterminante. Et je reste la plus naturelle possible. Je ne suis pas là pour séduire mais pour faire La rencontre. On peut toujours rêver. Il ne faut pas croire, je peux être un vrai cœur d'artichaut. Mais j'ai aussi appris que je sais rebondir. Je sais qu'il faut savoir prendre des risques. J'ai déjà ressenti des papillons lors d'une de ces rencontres. Et même si ce fut fugace, je me suis sentie vivante. Et chacune de ces rencontres m'apprennent quelque chose sur moi. Il y a des jours où je désespère de voir tous ces profils d'hommes qui veulent rester libres et ne pas se prendre la tête. Mais je sais aussi que la vie est pleine de surprises... alors Wait and See.* »

PARTIE 2 : LA RENCONTRE

Le fait de prendre de la hauteur sur votre recherche peut vous aider à mieux saisir vos véritables attentes et identifier les obstacles qui vous empêchent de créer des connexions intéressantes. En examinant vos différentes expériences, vous pouvez découvrir vos points forts et faibles pour dresser un bilan de ce que vous devez améliorer. Par exemple, vous éprouvez des difficultés à obtenir des *matchs* mais vous maîtrisez bien la phase des échanges en adressant des messages efficaces qui trouvent un écho enthousiaste. Dans ce cas, vous pouvez estimer que la rareté de vos *matchs* ne vous empêche pas de créer des connexions intéressantes. Au contraire, vous souhaitez accroître vos chances d'obtenir des interactions plus pertinentes, vous devez envisager de renouveler vos photos, votre bio, rajouter des informations... pour espérer séduire davantage de partenaires potentiels. De petits changements peuvent parfois décupler vos chances de trouver un partenaire qui vous plaise et vous corresponde. N'oubliez pas que chaque tentative et chaque échec peut vous aider à tirer des conclusions pertinentes pour réorienter votre recherche. Trouver la personne qui vous convient peut se produire rapidement ou exiger de la patience et de la persévérance. Dans cette deuxième hypothèse, cela peut signifier que cette exploration s'avère nécessaire pour rencontrer la bonne personne au bon moment. Parfois, il faut cumuler de nombreuses expériences pour atteindre le pivot de votre quête sentimentale et vous trouver en phase avec vous-même et l'autre au même-moment. Une fois que vous atteindrez ce moment décisif, vous sentirez alors une évidence, le fait de vous sentir simplement bien en présence de votre partenaire avec qui la connexion se formera naturellement et sans effort. Même si vous souhaitez probablement que votre première rencontre se concrétise en une belle histoire, évitez de vous convaincre que vous vous apprêtez à rencontrer l'homme ou la femme de votre vie. D'une part, cette anticipation crée un stress inutile, ce qui peut vous ôter vos moyens, votre confiance, vous rendre maladroit, ou émotif... D'autre part, parce que le fait de vous persuader que votre interlocuteur vous plaît, avant même de le ou la rencontrer, peut vous aveugler au moment de vous retrouver en face-à-face. En effet, prendre la situation à l'envers peut vous entraîner dans la mauvaise direction. Gardez-bien à l'esprit de ne pas superposer votre désir de relation sur une personne sans vous assurer au préalable de votre compatibilité. De plus, l'espoir de rencontrer le partenaire parfait peut déboucher sur une déception si votre interlocuteur ne correspond pas à l'image que vous projetez sur lui ou elle. Pour finir, même si vous ressentez une forte attirance, évaluez toujours votre compatibilité avant d'envisager une relation durable. Cette démarche peut vous éviter de développer une relation avec le mauvais partenaire. Dans cette perspective, apprenez à ne plus idéaliser votre prétendant virtuel, analysez le déroulement de votre rencontre, et réagissez correctement en cas de doutes et de questionnements sur vos sentiments ou ceux de votre interlocuteur. Rencontrer une ou un inconnu peut susciter des appréhensions, mais il convient d'affronter vos peurs en vue de maximiser vos chances de réussir votre premier rendez-vous. Cela implique aussi d'éviter les conseils en séduction qui pourraient vous désorienter et de vous concentrer plutôt sur l'objectif de réussir votre rendez-vous, tout en restant prêt à gérer les éventuelles situations embarrassantes. Une fois le cap du premier rendez-vous franchi, vous pourrez alors envisager sérieusement une relation durable et évaluer votre compatibilité avec votre nouveau partenaire.

Suite du témoignage de Loïc (page 15)

« On y est, j'ai mis la chemise qui met mon torse en valeur, la fille que je rencontre, une petite robe bien choisie. Elle est jolie, mais je n'ai pas de papillons dans le ventre. J'attends encore un peu pour voir s'ils arrivent ? En attendant, on parle de vacances, de nos métiers et de notre enfance ; je n'arrive pas à toucher des sujets plus profonds, ça ne l'intéresse pas ? Je me demande si je paye les pots ou elle va mal le prendre ? On fait quoi ensuite ? Ça ne vibre pas, mais on peut quand même aller plus loin ? Je mets les pieds dans le plat et je lui dis ce que je ressens ? Celle d'après pourrait me plaire encore plus... Vraiment, c'est dans ce contexte que sont censés se tisser les rapports amoureux ? Tout ce chemin pour arriver au rendez-vous et voir si ça vibre ou pas... »

Chapitre 9.
Gérer ses peurs à l'approche d'un rendez-vous

La perspective de rencontrer une ou un inconnu déclenche généralement un mélange d'émotions paradoxales et souvent intenses. Face à cette situation, le cœur et l'esprit s'emballent, oscillant entre le désir de plaire et la peur du rejet. En plus de la crainte de la non-acceptation de votre éventuelle singularité, reste l'inquiétude de ne pas satisfaire aux exigences de l'autre, ou bien la déception, ou même l'inquiétude d'une potentielle incompatibilité. D'un autre côté, se trouve la peur de perdre ses repères ainsi que l'appréhension de revivre les échecs passés. Malgré l'envie de réussir votre rencontre, le poids de l'engagement peut aussi vous déstabiliser. Ajoutons à cela, la frayeur de manifester des signes de nervosité, et le trac de la conversation. Toutes ces peurs peuvent vous empêcher de vous projeter de manière sereine en vue d'assister à votre tête-à-tête. Le fait d'ignorer vos peurs ne permet pas de les éviter, donc il faut trouver des solutions pour les affronter afin de vous donner toutes les chances de réussir votre premier rendez-vous.

LA PEUR DU REJET

Lorsque vous vous inscrivez sur un site de rencontres, vous vous exposez au jugement des autres et surtout au risque de déplaire. Cette situation peut générer de l'angoisse, du mal-être, altérer votre confiance. À l'approche d'une première rencontre, vous entamez une nouvelle phase décisive pour la suite de votre histoire. Vous retenez donc votre souffle jusqu'au moment de votre tête-à-tête. Il s'agit d'un point de bascule qui peut pencher des deux côtés. Soit les affinités développées en virtuel se confirment, soit les espérances s'éteignent subitement. L'inquiétude de ne pas plaire aux autres appartient à l'existence humaine. D'ailleurs, 91% des célibataires inscrits sur une plateforme de rencontres craignent de ne pas plaire à leur interlocuteur[52]. Il n'existe pas de solution pour vaincre cette crainte. La recherche d'une relation implique inévitablement de se confronter à ce risque. Les chances de réussir un rendez-vous varient en fonction de plusieurs critères que vous ne maîtrisez pas. Le rejet appartient aux expériences de la vie, et tout le monde l'expérimente à un moment donné. Il paraît donc essentiel de développer des mécanismes pour gérer cette situation et éviter qu'elle n'affecte trop votre estime et votre confiance en vos capacités de plaire. Pour surmonter la peur du rejet, vous pouvez essayer d'apprendre à dédramatiser cette éventualité. Si vous ne plaisez pas à une personne en particulier, cela ne signifie pas que vous ne plaisez à personne en général. Il existe certainement une personne à qui vous plairez mais il faut la rencontrer. D'autre part, au moment de votre tête-à-tête, au lieu de vous demander si vous plaisez à votre interlocuteur, concentrez-vous sur l'importance d'apprendre à le ou la découvrir. Au lieu de craindre qu'il ou elle vous rejette, pensez plutôt à vous demander s'il ou elle vous plaît. De plus, il faut garder à l'esprit la relativité de votre capacité à plaire. Il s'agit souvent d'une question de contexte. Vous plairez davantage à une personne qui partage votre milieu social ou vos passions. Par exemple, un bassiste dans un groupe de métal avec un style de rockeur peut certainement séduire très facilement un ou une fan dans une soirée métal alors qu'il peut éprouver plus de difficultés dans une soirée de ballet classique. Une brillante avocate en droit des affaires peut dégager une aura magnétique en plaidant au tribunal, alors qu'elle peut paraître invisible et insignifiante à une soirée karaoké parmi de nombreuses rivales célibataires comme elle. L'exposition au regard des autres peut rendre vulnérable n'importe quel individu qui se sent en décalage.

L'ACCEPTATION DE SA DIFFÉRENCE

Le fait de se sentir différent de la norme peut entraîner des difficultés dans vos relations sociales, impactant votre capacité à interagir et à communiquer, ou simplement à vous sentir bien avec les autres. Cela peut vous mener à vous questionner sur ce que les autres pensent de vous et s'ils remarquent votre singularité, et le cas échéant si cela les dérange. La prise de conscience d'une divergence atypique peut vous aider à entreprendre des démarches de diagnostic et de bilans. Pour autant, obtenir une confirmation de votre particularité ne vous aide pas forcément à comprendre comment gérer vos relations avec les autres. Même si vous pouvez donner des explications sur votre comportement, cela ne signifie pas que les autres l'acceptent facilement.

Témoignage de Nadine, 55 ans :

« Ma vie sentimentale n'est pas un long fleuve tranquille et l'engagement me fiche une trouille terrible. J'ai aimé, fort, beaucoup mais pas forcément longtemps. Je suis partie, souvent, on m'a quittée aussi. Ma dernière histoire s'est terminée il y a 8 mois, je m'en remets à peine et me sens fermée comme jamais à toute nouvelle rencontre. Période de face à face avec moi-même et de reconstruction. À 55 ans, vous allez me dire qu'il était temps. Je réalise que mon hypersensibilité ne me rend pas les choses faciles : besoin d'authenticité, être rassurée, beaucoup d'exigence, d'idéalisme, une incapacité à rester dans le tiède, le réveil de toutes mes peurs quand je suis amoureuse, puis enfin le fait de me sentir souvent submergée par mes émotions et par mes doutes. Je pensais avoir bien progressé sur le sujet lors de ma dernière rencontre mais visiblement pas assez encore. Erreur de casting ? Comportement inadapté ? Parfois je me dis que je suis « trop ». Trop comme ci, pas assez comme ça. Mais non, je suis juste moi qui essaie d'apprendre à vivre avec cette hypersensibilité qui se manifeste justement surtout dans mes relations amoureuses. »

Si vous éprouvez des difficultés relationnelles, vous pouvez vous demander si votre particularité constitue un frein à une vie sentimentale épanouie. Vous pouvez redouter de finir votre vie célibataire. Il semble évident de vous poser ces questions, néanmoins, à force de vous concentrer uniquement sur votre différence, vous risquez d'occulter le fait que votre singularité ne vous éloigne pas forcément des autres. En effet, chaque humain se distingue par son mode de fonctionnement unique. Il existe des particularités moins visibles voire même invisibles. Donc, gardez à l'esprit que les autres peuvent aussi ressentir le poids de leur différence. Votre particularité peut devenir une force, car elle peut vous aider à mieux comprendre et à accepter la singularité des autres. Vous pouvez penser que votre différence vous éloigne des autres, alors qu'en réalité elle peut aussi vous en rapprocher et même constituer l'élément qui peut déclencher de l'attirance pour vous. En effet, l'attirance se manifeste en partie par la sensation d'identification à l'autre. Si votre sensibilité, votre vulnérabilité, votre non-conformité déclenche une résonance familière en votre interlocuteur, alors un magnétisme naturel peut l'attirer vers vous. Si vous souhaitez assumer votre différence au lieu de la cacher ou de la minimiser, vous pouvez opter pour l'auto-dérision. Par exemple, vous pouvez exagérer votre particularité pour créer une situation drôle et décalée. Le fait d'assumer et de rire de vos défauts et de vos imperfections peut vous rendre charmant. Cette attitude peut également vous aider à diminuer la crainte de ne pas correspondre aux attentes de l'autre.

NE PAS ÊTRE À LA HAUTEUR

Les humains intègrent tout au long de leur parcours de vie des biais cognitifs, des certitudes, des préjugés concernant les relations, l'amour et le rôle des hommes et des femmes. Parfois, ils arrivent même à se convaincre de croyances absurdes qui peuvent peser sur leurs espoirs et leurs envies. Par exemple, vous pouvez penser que vous n'arriverez jamais à trouver un partenaire parce que vous avez subi des rejets à répétition. Vous pouvez penser que vous manquez de charme, d'intelligence, de charisme, de talent, de masculinité, de féminité…et cela peut vous inciter à croire que vous ne méritez pas d'être aimé. En outre, des clichés peuvent aussi perturber votre perception de la « normalité ». Par exemple, dans les relations hétérosexuelles, l'idée qu'un homme doive assurer un rôle de protecteur vis-à-vis d'une femme et donc posséder suffisamment d'argent. De même, qu'une femme doive incarner un rôle de soutien pour son partenaire et donc s'effacer pour le magnifier ou mettre sa carrière en veille. De nombreux clichés peuvent laisser croire que vous ne répondez pas aux attentes de la société. Par conséquent, vous intégrez des mécanismes d'autodénigrement qui vous empêchent de trouver un partenaire lorsque vous pensez « Je ne gagne pas suffisamment d'argent. » « Ma situation au chômage n'attirera personne ». « Je ne corresponds pas à l'idéal de beauté féminin ou masculin ». Le manque d'emploi, d'argent, de muscles, de charisme ne constitue pas un frein pour construire une histoire d'amour. Si les rencontres amoureuses n'étaient réservées qu'aux aux personnes parfaites qui réussissent tout ce qu'elles entreprennent, les histoires d'amour se révéleraient très rares. Le fait d'éprouver des doutes sur votre valeur et vos capacités à séduire illustre votre lucidité face à vos imperfections et à vos failles, mais il faut dépasser ces blocages pour laisser un partenaire apprécier votre personnalité. Par ailleurs, près de la moitié des célibataires déclarent se sentir « pas assez bien » pour les personnes qu'ils apprécient[53]. Par conséquent, votre interlocuteur ressent potentiellement la même crainte que vous. Le versant de cette peur peut s'avérer tout aussi problématique, si vous craignez de ne pas ressentir de désir pour votre interlocuteur.

LE MANQUE D'ATTIRANCE

Certaines personnes appréhendent deux craintes subsidiaires : le fait de ne pas plaire et le fait de ne pas se sentir attiré par l'autre. Lorsque vous développez une connexion virtuelle avec une ou un éventuel partenaire, vous souhaitez que votre attirance se confirme de manière réciproque dans la réalité. De manière inévitable, l'alchimie ne se manifeste pas systématiquement. Cette situation peut préoccuper les personnes empathiques qui redoutent de devoir éconduire un prétendant. Si cette situation vous inquiète, gardez en tête que vous ne maîtrisez pas le déclenchement de l'affinité pour une personne et que la volonté de ressentir de l'attirance ne suffit pas à l'éprouver. Il ne faut pas culpabiliser de ne pas ressentir d'attirance. Garder à l'esprit que votre interlocuteur connaît, aussi bien que vous, l'aspect imprévisible et aléatoire d'un premier rendez-vous et le risque que l'alchimie ne se forme pas entre vous. Par contre, si vous ne ressentez pas d'étincelle et que vous sentez que votre interlocuteur semble sous votre charme, ne lui donnez pas de faux espoirs et montrez explicitement des signaux amicaux pour encourager une compréhension en douceur de la situation. Vous pouvez par exemple aborder les difficultés de votre recherche et le fait de ressentir rarement le déclic que vous attendez d'une rencontre. Ces questionnements peuvent en effet vous préoccuper, notamment le fait de redouter de ne pas vous sentir en phase avec l'autre.

LA PEUR DU MANQUE DE COMPATIBILITÉ

Le fait d'apprécier une personne sur une appli de rencontres vous incite à espérer que tous les paramètres se réuniront au moment de votre premier rendez-vous : affinité réciproque, convergence de vos univers et de vos modes de fonctionnement. L'attirance et la compatibilité constituent une base solide pour vous engager dans un début de relation. Pourtant, il apparaît des situations où ces deux aspects se manifestent de manière dissociée. Par exemple, vous pouvez vous sentir captivé par une personne qui ne vous convient pas réellement. En revanche, vous pouvez correspondre parfaitement à une personne mais ne pas ressentir d'attirance pour elle. L'union de ces deux mécanismes catalyse la transformation d'une rencontre en relation. Quand il manque l'un de ces éléments, la relation ne peut pas se développer correctement. Cela peut vous entraîner à craindre de passer à côté d'un partenaire potentiel ou d'effectuer le mauvais choix. En effet, d'un côté, vous craignez de rejeter une personne qui pourrait incarner le partenaire idéal si vous lui laissiez une chance. D'un autre côté, vous redoutez de vous engager dans une relation sans issue avec un partenaire qui vous attire mais ne vous convient pas. L'évaluation de la compatibilité amoureuse nécessite du temps pour vous découvrir et vous apprivoiser. Pour relâcher la pression, vous pouvez proposer à votre potentiel partenaire une sorte de période d'essai, de quelques semaines ou mois, pour vous laisser le temps de vous découvrir et d'évaluer si vous vous sentez bien ensemble. Inévitablement, le fait de vous engager dans une nouvelle aventure peut vous impressionner et vous donner la sensation de perdre le contrôle, pourtant il faut oser sortir de votre zone de confort pour rencontrer une personne qui pourra changer votre vie.

LE SAUT DANS L'INCONNU

Un premier rendez-vous peut susciter un tourbillon de doutes et d'interrogations : vais-je lui plaire ? Ma tenue convient-elle ? Faut-il prévoir une balade pour prolonger le moment passé ensemble ? Un baiser se profile-t-il à l'horizon ? La nuit se passera-t-elle à deux ? Toute cette part de mystère peut provoquer des questionnements et des tourments.

« L'incertitude est l'essence même de l'aventure amoureuse. »

Oscar Wilde, écrivain

Accepter de rencontrer un ou une inconnue implique d'accepter les règles du jeu, à savoir vous engager dans une expérience fondée sur l'incertitude et l'inattendu. Certaines personnes aiment particulièrement vivre ce genre d'aventures riches en émotions et en péripéties. Alors que d'autres les craignent au point de s'interroger sur leurs capacités à se lancer dans l'expérience du dating. Cette peur peut littéralement vous empêcher de sortir de votre célibat. Si vous souhaitez dépasser ce blocage, vous pouvez prendre le temps de planifier votre rencontre. Vous pouvez ainsi réfléchir au déroulement hypothétique de votre rendez-vous pour anticiper toutes les éventualités, comme les différents sujets que vous pourriez aborder ou les endroits que vous pourriez découvrir ensemble. Plus vous anticipez les situations qui vous préoccupent, plus vous pourrez identifier des solutions pour appréhender votre tête-à-tête de manière sereine. Dans l'hypothèse où le rendez-vous ne se passe pas comme vous le souhaitez, cela peut augmenter votre réticence à persévérer, mais gardez à l'esprit qu'il faut parfois de nombreuses tentatives pour réussir un rendez-vous. Les déconvenues constituent des moyens d'apprendre à vous améliorer et ne conditionnent pas votre parcours sentimental vers une impasse.

LA RÉPÉTITION DE L'ÉCHEC

Le fait de sortir d'une mauvaise expérience peut entraîner la crainte de reproduire continuellement la même situation. En cas de rejets ou de déceptions réitérés à plusieurs reprises, vous pouvez sentir l'impression de vous retrouver enfermé dans ce schéma. Cette perception négative peut vous conditionner à aborder votre prochain rendez-vous de manière pessimiste et fataliste. Ce raisonnement peut alors compromettre la réussite de votre prochaine rencontre à force d'imaginer le pire. Cependant, un enchaînement d'échecs ne préjuge en rien de l'avenir. Pour sortir de cette spirale, il faut identifier les circonstances de vos déconvenues passées. Cela peut vous aider à cerner les modifications à entreprendre pour la suite. Par exemple, si vous rencontrez systématiquement des partenaires qui ne vous recontactent pas après votre premier tête-à-tête, réfléchissez à ce que vous pourriez améliorer : votre attitude, votre tenue, la manière dont vous parlez de votre histoire, le partage de vos émotions, l'attention que vous accordez à l'autre... L'expérience du dating en ligne peut réveiller vos anciennes peurs mais peut aussi en engendrer de nouvelles. Le fait de vous exposer au regard et au jugement de potentiels prétendants peut vous rendre vulnérable. Il faut donc comprendre vos peurs et chercher des solutions pour éviter qu'elles ne paralysent votre envie de rencontre. De simples exercices mentaux peuvent en partie résorber vos blocages. Le fait de repousser les pensées négatives au profit d'idées positives aide à conditionner votre cerveau à se désolidariser de vos peurs. Au lieu d'anticiper la possibilité que votre interlocuteur ne développe pas de sentiments pour vous, focalisez-vous sur les qualités qui plaisent à votre entourage. De même, ne gardez pas en tête le souvenir de votre précédent rendez-vous raté, mais pensez plutôt à une rencontre qui s'est bien déroulée. Ce genre de méthode peut vous aider à appréhender votre rendez-vous de manière plus sereine. Plus vous vous focalisez sur le positif, plus vous entraînez votre cerveau à mémoriser ces impressions. Compte tenu de la neuroplasticité du cerveau, vous pouvez modifier progressivement vos schémas de pensées pour réduire l'intensité de vos idées négatives. Ce travail introspectif peut vous aider à changer de regard sur vos craintes et vous libérer de tout ce qui vous empêche de vous projeter.

LA PEUR DE L'ENGAGEMENT

Il n'existe pas de profil unique pour décrire celle ou celui qui craint l'engagement, cependant, trois profils peuvent se distinguer. Les caractéristiques de ces profils peuvent se recouper et se compléter en fonction de la personnalité et du vécu de chacun. Premièrement, certains individus craignent de souffrir à nouveau après des expériences douloureuses, telles que l'abandon ou le décès de leur partenaire. Le souvenir d'une relation passée marquée par l'échec ou la trahison peut également freiner l'élan vers une nouvelle histoire. Dans certains cas, un soutien psychologique peut s'avérer nécessaire pour surmonter des obstacles et envisager un nouvel engagement avec sérénité. Deuxièmement, il existe l'individu qui valorise sa liberté, réticent à l'idée de se voir imposer des contraintes ou des compromis. Cette personne apprécie son mode de vie actuel et ne souhaite pas s'adapter aux besoins ou attentes d'un partenaire (activités en commun, cohabitation, partage des tâches ménagères...). Si l'engagement requiert inévitablement des efforts, il importe de distinguer d'une part, l'investissement normal dans une relation et d'autre part, la nécessité de se conformer de manière excessive aux attentes de son partenaire. En outre, si vous vous reconnaissez dans cette description, gardez à l'esprit qu'il existe potentiellement des personnes qui partagent votre vision et qui s'accorderaient justement bien avec vous. Ainsi, trouver ce partenaire pourrait vous donner la possibilité de ne pas limiter votre liberté et de partager la même conception de la vie sans sacrifier vos besoins personnels. Dernièrement, il existe une catégorie de personnes qui appréhendent la vie de couple, qui selon elles, implique trop de changements. Elles veulent éviter de perturber leurs habitudes et leurs repères, devoir gérer des désaccords, s'accorder sur le partage d'intimité émotionnelle et physique... Certains célibataires conceptualisent une idée parfois stéréotypée de la vie à deux, ce qui peut engendrer des réticences face à des situations indésirées. Pourtant, chaque couple établit son propre équilibre et vous pouvez trouver le partenaire qui acceptera vos besoins. Pour trouver la bonne personne, il faut parler ouvertement dès le début de la relation de vos désirs, vos limites, vos attentes relatives à la sexualité, votre mode de vie, votre fonctionnement... Il faut trouver la bonne approche pour parler de ces sujets qui peuvent augmenter votre stress dans une atmosphère déjà empreinte de nervosité, comme à un premier rendez-vous.

LA NERVOSITÉ

Une angoisse peut se manifester de manière légère et intériorisée ou de manière intense et visible. Chez certaines personnes, les symptômes tels que les tremblements, la transpiration, les mains moites, les sueurs, ou les variations de la voix, se révèlent difficiles à masquer. La peur de montrer les signes physiques de stress concerne 81% des célibataires inscrits sur des applications de rencontre[54]. La perspective d'un rendez-vous amoureux peut générer une forte anxiété et par conséquent entraîner la manifestation probable de certaines manifestations physiques. Le fait de vous retrouver dans cette situation peut s'avérer particulièrement intimidant. Vous pouvez, par exemple, craindre de saluer votre interlocuteur alors que vous transpirez ou que vous tremblez. Le fait de partager ouvertement vos appréhensions peut vous aider à détendre l'atmosphère et diminuer votre anxiété. De plus, cela démontre que vous ne laissez pas vos craintes dicter votre comportement et que cherchez à les affronter. N'oubliez pas qu'en vous focalisant excessivement sur vos peurs, vous oubliez que l'autre personne peut également éprouver ses propres inquiétudes. Si vous ne parvenez pas à contrôler votre nervosité, il existe des solutions pour atténuer leurs effets en cas de situations stressantes. Vous pouvez vous renseigner auprès de spécialistes (psychologues, thérapeutes...) pour demander un accompagnement adapté à vos besoins. Cette aide peut vous permettre de vous sentir plus confiant pour communiquer facilement et naturellement avec votre interlocuteur.

LE MALAISE DES SILENCES

La réussite d'un rendez-vous se mesure souvent au niveau de la qualité de la conversation. La discussion constitue le cœur de la rencontre autour de laquelle s'articulent le partage de vos expériences, vos ressentis et vos émotions respectives. La réussite de ce moment repose donc sur la dynamique d'un échange fluide où les questions et les réponses se succèdent naturellement. L'aisance ressentie au moment des interactions écrites ne se réplique pas systématiquement à l'oral, ce qui peut surprendre ceux qui peinent à maintenir un dialogue animé en face-à-face.

Témoignage de Anthony, 19 ans :

« Lors de mon tout premier rendez-vous, j'étais submergé par un mélange d'excitation et de nervosité. Nous nous étions rencontrés en ligne et avions échangé pendant des semaines avant de décider de nous voir en personne. Nos conversations virtuelles avaient toujours été fluides et pleines d'humour, ce qui avait contribué à bâtir une certaine attente autour de cette rencontre. Cependant, rien ne m'avait préparé aux silences et aux blancs qui ponctueraient notre rendez-vous. Dès les premiers instants, alors que nous nous installions dans un café, une tension palpable s'installa. Je me souviens l'avoir complimenté sur son apparence, à quoi elle répondit avec un sourire timide. Puis, le silence s'installa. Un silence lourd. J'ai tenté de le briser en lançant des sujets de conversation banals, mais après quelques échanges polis, le silence revenait, plus pesant à chaque fois. »

Il faut rappeler qu'un premier rendez-vous marque le début de la découverte d'une personne inconnue hors du cadre virtuel. Cela induit donc d'éventuelles difficultés à échanger de manière spontanée et évidente. En effet, vous pouvez manquer d'idées de sujets de discussion ou de questions à poser, ce qui peut entraîner des silences inconfortables. Le manque de fluidité et d'aisance peut créer l'impression d'un rendez-vous raté. En réalité, ces instants de pause ne devraient pas se percevoir comme des échecs mais plutôt comme des moments nécessaires pour apprendre à communiquer avec l'autre. La rencontre avec une nouvelle personne nécessite une période d'ajustement pour s'apprivoiser mutuellement. De plus, les pauses dans la conversation laissent l'espace pour exprimer vos sentiments par des sourires, des regards, et des gestes, enrichissant l'échange d'une autre façon. Néanmoins, pour contourner les prolongements de silence, il existe des stratégies simples et efficaces. Si vous avez un tempérament introverti ou timide, et que vous appréhendez de vous retrouver directement en face-à-face avec un ou une inconnue avec qui vous devez parler, vous pouvez prévoir un moment de socialisation précédant votre rendez-vous. Vous pouvez ainsi retrouver un ami ou assister à une sortie en groupe et vous éclipser pour vous rendre à votre tête-à-tête. Sinon, vous pouvez simplement vous rendre dans un lieu animé. Cette démarche peut vous aider à sortir progressivement de votre bulle. Ensuite, lors de votre discussion, lorsque vous sentez que des blancs s'immiscent dans la dynamique de votre dialogue, vous pouvez répéter les derniers mots de votre interlocuteur, reparler des thèmes déjà abordés ou reformuler ses propos pour relancer spontanément la conversation. Gardez à l'esprit qu'une interaction initialement laborieuse peut, avec le temps, se transformer en échanges enrichissants lors des rencontres suivantes. Un premier tête-à-tête se conclut rarement par une réussite immédiate, il faut souvent de nombreuses tentatives pour réunir tous les paramètres qui conduisent à la rencontre qui peut tout changer.

« Celui qui prend des risques peut perdre, celui qui n'en prend pas perd toujours. »

Xavier Tartacover, maître d'échecs

Malgré toutes vos inquiétudes, vous devez vous lancer dans l'aventure pour tenter l'expérience de la rencontre. Cependant, veillez toujours à prendre vos précautions pour éviter de vous retrouver dans des situations problématiques ou dangereuses.

L'IMPORTANCE DE LA SÉCURITÉ DES RENCONTRES

Gardez en tête les principes essentiels en vue de rencontrer votre interlocuteur.

Vigilance : Ne communiquez pas d'informations personnelles, comme votre adresse, votre lieu de travail... à votre interlocuteur, avant de vous assurer que vous pouvez lui accorder votre confiance.

Prudence : Pour votre premier rendez-vous, privilégiez un lieu public et évitez de vous rendre chez l'autre, et inversement.

Autonomie : Utilisez votre propre moyen de transport pour arriver et partir du lieu du rendez-vous.

Clairvoyance : Soyez prudent si vous consommez de l'alcool et des drogues, ils peuvent altérer votre jugement. Gardez un œil sur votre verre pour éviter que quelqu'un y ajoute quelque chose à votre insu.

Restez alerte face à l'attitude de votre interlocuteur et identifiez les signaux préoccupants.

Duperie : Vous constatez que votre interlocuteur ment, se contredit, dissimule des informations.

Malaise : Vous ne vous sentez pas à l'aise en sa présence et vous n'aimez pas la façon dont il ou elle vous regarde.

Insistance : Il ou elle insiste alors que vous avez déjà formulé votre refus ou vos limites, cela peut concerner le fait de se rendre chez lui ou elle par exemple.

Intrusion : Vous sentez que votre interlocuteur cherche à vous pousser à parler de sujets dont vous ne voulez pas parler, notamment des sujets intimes. Vous sentez qu'il ou elle tente des rapprochements physiques qui vous mettent mal à l'aise.

Si vous constatez un comportement ou une situation qui vous alerte, il est préférable de quitter le rendez-vous. Le fait de rencontrer un ou une inconnue constitue toujours un risque de tomber sur une personne malveillante. Sans imaginer le pire, prévoyez simplement des réflexes pour vous en prémunir. Vos inquiétudes ne doivent pas vous empêcher de vous lancer dans l'aventure. Inévitablement, votre première rencontre va vous surprendre et ne correspondra pas à ce que vous imaginiez.

Chapitre 8.
Pourquoi le premier rendez-vous n'est jamais parfait

L'organisation d'un premier rendez-vous marque un tournant essentiel dans une aventure de dating en ligne. Son importance égale l'envoi du premier message. Si vous espérez rencontrer la personne de votre vie à votre premier rendez-vous, rappelez-vous que cela reste exceptionnel. Dans la majorité des cas, la première rencontre constitue le début d'un processus qui nécessite de nombreux essais avant de trouver la personne qui vous correspond vraiment. Un premier tête-à-tête peut vous décevoir pour diverses raisons, pour commencer, votre interlocuteur pourrait ne pas correspondre à l'image que vous imaginiez de lui ou vous identifiez des aspects de sa personnalité qui vous déplaisent. De plus, un comportement trop intense de votre part pourrait influencer négativement la rencontre. Enfin, à l'issue de votre rencontre, vous pourriez vous questionner sur l'éventualité d'une seconde chance après une première impression mitigée.

L'IDÉALISATION, FRUIT DU VIRTUEL

Aujourd'hui, l'univers numérique propose de nombreuses fonctionnalités d'intelligence artificielle qui peuvent vous inciter à embellir la réalité. En effet, vous pouvez améliorer, votre profil, votre texte de description ou bien vos photos grâce à des filtres ou des retouches numériques. Si chaque célibataire, derrière son écran, effectue ces optimisations, le risque de désillusions lors des rencontres physiques s'accroît considérablement. Certaines personnes optent pour ces modifications artificielles car elles craignent de ne pas répondre aux attentes de leurs potentiels prétendants. Au lieu de résoudre cette difficulté, cela l'aggrave considérablement. En effet, dans ce contexte, les utilisateurs des applications de rencontres se représentent inévitablement une fausse image des personnes qu'elles s'apprêtent à rencontrer. Pour éviter la déception, il faut apprendre à s'ancrer dans la réalité pour apprécier la découverte de l'autre.

Le poids de l'idéalisation

Il existe évidemment un grand écart entre un profil virtuel et une personne réelle ; cet écart reflète les conséquences de la frontière digitale. Par conséquent, la personne que vous rencontrerez ne correspondra probablement pas à l'image que vous imaginez d'elle. Il convient de noter que derrière chaque profil se cache différentes motivations : certaines personnes embellissent volontairement leur présentation pour attirer le maximum de *matchs*, alors que d'autres poursuivent inlassablement leur quête de l'idéal amoureux.

EMBELLISSEMENT DE LA RÉALITÉ

Sur les applications de rencontres, les profils des utilisateurs camouflent parfois des réalités surprenantes : des célibataires publient des photos plus flatteuses, usurpent des images, trichent sur leurs informations... Par conséquent, lorsque vous vous rendez à un tête-à-tête, vous pouvez déchanter rapidement face à une personne qui ne correspond pas à ce que vous imaginiez. Dans le cas le plus extrême, vous vous retrouvez face à un inconnu qui a usurpé des photos. De manière plus commune, vous constatez une différence plus modérée, il peut s'agir d'une différence d'âge ou de silhouette entre ses photos et la réalité. Ce genre de situations émane en grande partie de l'esprit des applications de rencontres où les membres cherchent parfois à tout prix à plaire. Cela peut les pousser à publier des photos anciennes ou plus flatteuses ou même à utiliser des filtres, effectuer des retouches, opter pour du noir et blanc. Il existe une multitude de possibilités pour duper l'autre. Les photos ne constituent pas les seuls éléments, des personnes peuvent également embellir la réalité concernant leur histoire, leur niveau universitaire, leur travail... Cependant, la déception n'émane pas toujours de mensonges, en effet ; certaines personnes projettent une image tellement précise de leur prétendant qu'elles risquent de s'enfermer dans cette illusion.

LE POUVOIR DE L'IMAGINATION

Apprécier un profil en ligne et aimer réellement la personne constituent deux réalités bien différentes. Au moment de vos échanges virtuels, vous pouvez ressentir de l'impatience et de l'euphorie à l'idée de bientôt découvrir votre interlocuteur. Vous disposez uniquement de quelques éléments sur la personne convoitée, en général, seulement de photos et d'un texte de présentation. Néanmoins, votre cerveau peut facilement générer une vision animée de la personne qui vous attire. Vous pouvez imaginer l'intonation de sa voix, sa démarche, sa gestuelle... Vous pouvez même projeter fictivement le film mental de votre rencontre inventée par votre cerveau. La personne peut ainsi vous sembler très réelle, pourtant il s'agit d'une incarnation en image de synthèses. Cette faculté se développe naturellement du fait que votre mémoire enregistre en continu les interactions avec les individus qui vous entourent. Ainsi, votre activité cérébrale peut projeter différents éléments familiers pour se représenter l'image de votre interlocuteur virtuel : son sourire ressemble à celui de votre voisine, sa carrure à votre collègue, son rire à l'un de vos amis... Lorsque vous vous retrouvez en face-à-face dans la réalité, vous pouvez alors découvrir une personne très différente de la vision imaginée par votre cerveau. Cela peut évidemment générer de la déception. Cette rencontre peut vous donner l'impression que vous découvrez cette personne pour la première fois. Si vous préférez la version virtuelle que vous aviez imaginée, vous risquez d'éprouver des difficultés à ressentir de l'attirance pour lui ou elle. Le fait de rester dans cette phase de projection fantasmée peut vous empêcher de développer des sentiments.

Retour à la réalité

Pour court-circuiter votre imagination, vous pouvez utiliser certains mécanismes, comme le fait de calmer votre mental, effectuer une analyse approfondie du profil de votre prétendant, et appréhender votre rencontre comme une page blanche.

METTRE LE MENTAL SUR PAUSE

Lorsque vous ressentez un petit frisson sentimental, cela peut tellement vous déboussoler que vous pouvez ressentir des difficultés à vous concentrer dans la réalité du moment présent. Vous pouvez préférer vous recueillir dans votre espace mental pour apprécier votre bonheur. Cet état de béatitude peut amplifier la déception face à la réalité. Donc pour raisonner votre activité cérébrale trop créative, essayez de balayer toutes les pensées qui se forment dans votre esprit relatives à la personne que vous vous apprêtez à rencontrer. L'objectif consiste à stopper immédiatement la formation des pensées qui vous parviennent. Si cela ne fonctionne pas, vous pouvez essayer des exercices de méditation dans le but de vous concentrer sur un objet, un son ou une pensée… Vous pouvez aussi essayer la méthode de la visualisation afin de vous concentrer sur des images mentales. Vous pouvez également pratiquer une activité sportive, courir, nager… pour concentrer votre mental sur une sensation physique. De plus, en vue de bien appréhender la rencontre avec votre interlocuteur, concentrez-vous attentivement sur les informations qui figurent sur son profil.

LA MÉTHODE DE L'ANALYSE INVERSÉE

L'élément déclencheur d'une rencontre prend effet bien en amont, à l'instant crucial où deux célibataires consultent et apprécient respectivement leurs profils. L'importance du profil perdure le temps de vos échanges virtuels car il constitue l'élément de référence principale qui vous permet de prendre conscience que vous correspondez bien avec un humain et non un *chatbot* (programme informatique de conversation virtuelle). À l'approche d'un rendez-vous, vous consultez certainement plusieurs fois le profil de la personne que vous vous apprêtez à rencontrer pour confirmer votre impatience de la ou la découvrir. Pour éviter d'éprouver de la déception en face-à-face, il existe un moyen d'anticiper cela. Au lieu d'identifier tout ce qui vous attire sur son profil, concentrez-vous sur tous les aspects qui pourraient potentiellement vous déplaire. Ainsi, au moment du tête-à-tête, vous pourrez plus facilement mettre de côté les facettes qui vous enchantent moins pour vous focaliser sur la découverte de votre prétendant. Mettre de côté les souvenirs liés à vos attentes peut aussi vous aider à vous laisser surprendre.

OUBLIER SES ATTENTES ET REPARTIR DE ZÉRO

La perspective d'un premier rendez-vous découle d'une suite d'étapes réussies qui entraînent le déroulement logique d'une relation. Ces différentes phases valident graduellement l'évidence de vous rencontrer. La mémoire de vos échanges, des confidences de votre interlocuteur, de ses photos, de son univers pose les bases de votre attirance. Pour autant, rappelez-vous que les photos et les mots constituent des aspects très limités pour cerner une personne. Les photos constituent des captures de moments figés et ne reflètent qu'une partie de la vérité d'un individu.

« Ce n'est pas une image juste, c'est juste une image. »

Jean-Luc Godard, réalisateur

De plus, vous pouvez aussi interpréter des informations de son profil de manière subjective : il ou elle habite dans une grande ville donc elle ou il préfère un mode de vie citadin et n'aime pas vivre à la campagne. Ce genre de déduction peut s'avérer juste ou fausse car les suppositions orientent souvent vers la mauvaise analyse. Par conséquent, pour éviter les déceptions et les erreurs d'interprétation, cherchez plutôt à appréhender votre rendez- vous comme une page blanche. Cela permet de mettre de côté vos espérances. Vous pourrez alors vivre la rencontre de manière spontanée, sans juxtaposer constamment votre impression virtuelle à la réalité. De même, le fait d'oublier les photos de votre interlocuteur vous évitera de faire des allers-retours mentaux entre vos souvenirs et vos impressions réelles. En face-à-face votre interlocuteur risque très probablement de sembler différent de vos attentes. De plus, vous découvrez pour la première fois sa voix, sa façon de s'exprimer, sa vivacité, sa façon de bouger... Le décalage entre le virtuel et le réel produit presque systématiquement la sensation de découvrir une autre personne que celle avec qui vous échangiez. En effet, concevoir avec exactitude à quoi ressemble un ou une inconnue s'avère impossible. Le fait de vous rendre à votre rendez-vous l'esprit libre de toutes images préconçues peut vous aider à moins vous attarder sur les défauts que vous pourriez remarquer.

ACCEPTER LES IMPERFECTIONS

Contrairement aux films, les premières rencontres peuvent manquer de magie et de perfection dans la vie réelle. Toutefois, l'absence de mise en scène cinématographique ne doit pas diminuer la valeur des vraies rencontres, au contraire, les imperfections du premier rendez-vous ajoutent une touche d'authenticité et de charme. Donc, accueillez-les avec bienveillance et tolérance et laissez-vous porter par la surprise de la rencontre qui vous attend.

Ce n'est pas du cinéma

Le premier rendez-vous d'un couple au cinéma peut vous émouvoir, vous agacer, vous donner envie ou pas de revivre les mêmes émotions. Trop cliché, irréel, exagéré... dans tous les cas, il ne laisse pas indifférent. De même, si vous observez des personnes à leur premier rendez-vous, vous pouvez imaginer qu'elles vivent un moment fort et qu'elles partagent une connexion évidente. En comparaison, la perception de votre propre rendez-vous peut vous sembler moins palpitante. Vous pouvez ressentir de la déception, de l'ennui, de la lassitude. Votre rencontre ne ressemble probablement ni aux rendez-vous dans les films ni à ceux que vous avez pu observer en tant que spectateur. Attention, l'envie de vivre un premier rendez-vous mémorable peut vous empêcher de profiter pleinement du moment présent. À force d'analyser ce que vous aimeriez vivre et ressentir, vous pouvez passer à côté des beaux instants du présent. Même sans l'ambiance du café d'Amélie Poulain, sans la lumière rayonnante de la « golden hour » (le moment juste avant le coucher du soleil), même si la musique ne convient pas, votre rendez-vous peut demeurer inoubliable. Il existe des programmes audiovisuels plutôt proches de la réalité où vous pouvez découvrir des individus qui participent à des *dates* filmés. Le fait de voir d'autres personnes confrontées aux mêmes difficultés, que celles que vous rencontrez, peut vous aider à moins idéaliser ou critiquer votre aventure sentimentale. Le principe de l'émission « Dating Around » consiste à suivre des célibataires qui rencontrent des inconnus sélectionnés pour eux. Les participants partagent leurs sentiments, leurs impressions et confient ce qui les charme ou ce qui les laissent indifférents. Ensuite, la série « Love in the spectrum » met en scène des personnes autistes qui participent à des speed-dating ou des têtes-à-têtes. Ils parlent ouvertement de leurs difficultés et de leurs espoirs pour trouver un partenaire qui leur conviennent. Certains participants affrontent leurs blocages ou leurs anxiétés, pendant que d'autres ressentent l'évidence de tomber amoureux pour la première fois. Enfin, les programmes « Indian Matchmaking » et « Jewish Matchmaking » suivent des célibataires qui sollicitent une marieuse pour trouver le partenaire qui leur correspond. Malgré leur volonté de trouver un partenaire qui partage leur foi, ils aspirent aussi à ressentir le déclic pour transformer leur rencontre en histoire. De votre côté, profitez de votre première rencontre pour vous laisser surprendre et éviter de vous attarder sur tous les aspects qui pourraient vous déplaire.

Nobody is perfect

Dès les premiers instants où vous découvrez votre interlocuteur en face-à-face, ses petits « défauts » physiques peuvent immédiatement attirer votre attention. Ces imperfections peuvent s'avérer charmantes ou repoussantes selon vos goûts. Il faut reconnaître que les applications de dating présentent souvent un catalogue de visages charmants aux photos séduisantes, mais parfois trompeuses. Cette représentation idéalisée encourage la quête incessante d'une ou un partenaire parfait. Certains célibataires placent la barre de leurs exigences si haut qu'ils éliminent toute chance de vivre une histoire d'amour à la découverte du moindre défaut qui devient rédhibitoire. À l'opposé, certains célibataires choisissent de passer outre les aspects qu'ils trouvent déplaisants, pourvu qu'ils plaisent à l'autre personne. Entre ces deux situations extrêmes, il existe un juste équilibre pour effectuer le bon choix. Si certaines imperfections représentent pour vous un obstacle insurmontable, inutile de vous forcer. Toutefois, si ces défauts semblent susceptibles de s'améliorer ou d'évoluer, il pourrait s'avérer judicieux de ne pas les laisser entraver une potentielle relation.

« On voit les qualités de loin et les défauts de près. »

Victor Hugo, écrivain

A votre contact, votre partenaire peut évoluer, ou même adopter un nouveau style vestimentaire, prendre davantage soin de lui ou d'elle, abandonner certains tics de langage... Néanmoins, ne considérez pas ces transformations comme des prérequis à une relation. N'oubliez-pas que l'essentiel de la rencontre concerne principalement la connexion, l'alchimie et la compréhension mutuelle qui se forme entre vous. L'importance ne réside pas dans l'absence d'imperfections, mais dans la capacité à les accepter. Il s'avère donc essentiel de rechercher la sincérité plutôt que la perfection et d'accepter les défauts des autres ainsi que les vôtres, car personne n'est parfait.

Accepter ses imperfections

Une relation saine repose sur l'acceptation réciproque des imperfections respectives. Donc, cela ne vise pas uniquement votre capacité à accueillir les défauts de l'autre, mais cela vise aussi votre rapport à vous-même. En adoptant cette attitude bienveillante avec vos défauts, votre partenaire inclinera plus naturellement vers une perception positive de vous. Vous pouvez vous percevoir de manière très dure et négative parce que vous vous focalisez sur tout ce qui vous gêne ou vous gâche la vie. Contrairement à votre jugement critique de vous-même, la perception de votre partenaire peut se développer de manière plus tolérante et respectueuse pour vos imperfections. Par contre, si vous passez votre temps à attirer son attention sur vos défauts, vous risquez de l'en persuader. Plus vous parviendrez à accepter vos imperfections, moins elles prendront de place dans vos préoccupations et elles en laisseront pour des pensées plus positives. Au lieu de dissimuler vos complexes, osez en parler et essayez de travailler sur ce qui vous pose problème ou bien minimisez leur gravité pour rompre avec votre tendance à vous replier sur vous-même.

L'importance de la dédramatisation

Lors d'un tête-à-tête, la première impression joue un rôle majeur et détermine en grande partie la suite de votre rencontre. Par conséquent, vous souhaitez donner la meilleure impression et réussir « un sans-faute » en évitant toute maladresse ou couacs qui pourraient vous embarrasser lors de votre premier rendez-vous. Le plus gênant réside dans la gêne elle-même. Si quelque chose se passe mal, il vaut mieux verbaliser le contexte plutôt que de le laisser en suspens. Face à un imprévu, comme un verre renversé, réagissez plutôt que d'ignorer l'incident et tournez-le en dérision si vous le pouvez. Une telle démarche communique votre façon de réagir face aux aléas, de montrer que cet incident ne vous paralyse pas et que vous parvenez à adopter la réaction appropriée. Par ailleurs, votre maladresse peut émouvoir votre interlocuteur. En outre, votre capacité à traiter les situations délicates permet de montrer les différentes facettes de votre personnalité. Le fait d'aborder les déconvenues de manière simple et naturelle peut même favoriser un lien de complicité entre vous. Toutefois, même si la sincérité renforce votre lien, pour s'ouvrir véritablement à l'autre, essayez de mettre de côté vos attentes préconçues pour vous laisser embarquer par votre rencontre.

La clé de la flexibilité

Au moment de vous inscrire sur une application de dating, vous connaissez déjà certainement vos attentes : l'envie ou non de vous marier, de fonder une famille, le mode de vie ou le style de vacances que vous aimeriez partager... mais il vous manque un partenaire pour concrétiser vos projets de vie. Certains célibataires s'attendent à ce que leur prétendant partagent ou s'adaptent exactement à leurs envies. Cependant, cette situation se produit rarement. Si vous n'acceptez aucune entorse à la liste de vos attentes, vous pourriez éprouver de grandes difficultés à trouver un partenaire qui vous convienne. Des attentes trop définies ou trop élevées peuvent aussi intimider ou repousser la personne que vous rencontrez. Pour vous donner des chances de rencontrer un partenaire avec qui vous pourriez évoluer et construire une histoire, vous devez accepter d'adapter vos attentes au contexte. Encore une fois, il faut trouver le bon équilibre pour effectuer le bon choix. Au lieu de s'accrocher à des critères inflexibles ou, à l'extrême, de les ignorer totalement, il convient de différencier les attentes essentielles des aspirations secondaires. La rencontre avec une personne qui vous plaît peut vous aider à changer de regard sur vos attentes et à les réajuster pour construire une histoire ensemble.

« Des attentes trop précises risquent de nous faire manquer la rencontre d'une personne ne correspondant pas à nos critères, alors même que nous aurions pu vivre avec elle une belle histoire. »

Charles Pépin, extrait de « La rencontre, une philosophie »

Tout en restant fidèle à vos valeurs fondamentales, vous pouvez évoluer au contact de votre partenaire et changer de projets et d'objectifs en fonction de votre relation. Plutôt que de rester figé sur vos idées, laissez-vous charmer et surprendre par la découverte de votre interlocuteur.

Laissez-vous séduire

La sérendipité désigne le fait de découvrir quelque chose de manière fortuite ou par hasard tout en cherchant autre chose. Cette notion s'adresse tout particulièrement aux rencontres sur les applications de rencontres. Vous voulez rencontrer un artiste ténébreux et vous tombez sous le charme d'un sportif dynamique. Vous cherchez une passionnée de botanique et vous rencontrez une enseignante en Mathématiques. Votre recherche peut vous guider vers une personne qui ne correspond pas à vos attentes mais qui peut vous plaire davantage. Pour entreprendre cette voie, il faut au préalable accepter de vous sentir séduit par une personne qui ne vous convient pas au premier abord. Il suffit d'une seule seconde pour savoir que votre interlocuteur ne vous plaît pas sur le plan physique. Avant de conclure hâtivement que l'absence d'attirance élimine toute possibilité d'approfondir cette relation, laissez-vous surprendre par sa personnalité. De même, ne restez pas figé sur des préférences, comme le niveau universitaire, le milieu social, les idées politiques, la culture générale... Le fait de ne pas ressentir immédiatement un coup de foudre ne signifie pas que vous ne pourrez pas ressentir d'attirance par la suite. Avant de porter un jugement précipité ou radical, laissez-vous la possibilité de trouver d'autres atouts qui peuvent vous faire craquer : son humour, sa vivacité, sa créativité... Évitez de céder à l'impatience de tout vouloir sur-le-champ, parfois, la connaissance mutuelle demande patience et maîtrise de soi.

GÉRER LE POIDS DE L'INTENSITÉ

L'excitation ressentie lors d'un premier rendez-vous peut décupler de manière exponentielle les émotions, actions et réactions de certaines personnes. Bien que ce comportement puisse paraître naturel à celles et ceux qui fonctionnent de manière similaire, cela peut déconcertaner ceux peu habitués à une telle effervescence. Si vous vous retrouvez emporté par une grande intensité avant ou pendant votre première rencontre, prenez soin d'évaluer la manière dont votre énergie influence l'autre.

Témoignage de Martine, 50 ans :

« J'avais toujours ce sentiment de manque, comme si je m'ennuyais malgré ma vie à 100 à l'heure : boulot, gestion des tâches quotidiennes, enfants, sport... En août 2023, je suis tombée amoureuse de mon collègue JB. Il a 27 ans et moi j'en ai... 50 ans, mais nos 2 âmes se confondent à merveille. Nous sommes très complices, nous rions des mêmes choses, nous nous rejoignons sur toutes les discussions. La différence d'âge n'est aucunement perceptible. Je pense à lui du matin au soir et la nuit ça me réveille parfois. Quand je suis tombée amoureuse de JB, je ne voulais absolument pas de cette relation, je ne comprenais pas pourquoi ça m'arrivait à moi, je voulais faire marche arrière mais je n'y arrivais pas, c'était trop fort. L'attirance était réciproque, non, c'était *beaucoup plus que de l'attirance, c'était très intense sentimentalement, comme une explosion. »*

Dans l'attente de votre rendez-vous, vous pourriez aussi éprouver de la difficulté à tempérer votre ardeur et votre enthousiasme et à agir de manière excessive, comme en envoyant de nombreux messages pour planifier votre rencontre avec une multitude de détails. Une telle effusion d'énergie peut surprendre, voire intimider votre interlocuteur. De même, lors de votre tête-à-tête, une attention trop soutenue de votre part ou bien une prévoyance excessive ou une tendance à tout anticiper pourraient se révéler envahissantes. Cela peut aussi révéler votre engagement précipité dans une relation naissante, ce qui peut déconcerter et in fine, pousser l'autre à mettre de la distance entre vous. Veillez donc à modérer votre enthousiasme pour laisser l'autre s'impliquer à son rythme. Apprenez à canaliser votre énergie afin de préserver la qualité de votre rencontre. Vous pouvez adopter des stratégies, comme la pratique d'une activité pour évacuer le trop-plein d'adrénaline avant votre rendez-vous.

Libérer l'intensité

Pour éviter que votre hyper-dynamisme ne vienne perturber votre rencontre, vous pouvez planifier une activité précédant votre rendez-vous. Le style d'activité dépend de vos besoins et préférences. Parmi les options envisageables, une séance de sport peut s'avérer bénéfique pour canaliser votre énergie physique. Si vous recherchez plutôt une approche axée sur le calme intérieur, la méditation ou des pratiques de pleine conscience peuvent vous aider à vous recentrer sur vos pensées et à réduire votre intensité. La cohérence cardiaque peut stabiliser votre rythme cardiaque et vous aider à trouver l'apaisement. Si vous trouvez votre équilibre dans l'expression créative, vous pouvez opter pour une activité artistique afin de canaliser votre énergie. Que ce soit par la peinture, l'écriture, la musique ou toute autre forme d'art, l'expression créative offre un exutoire unique pour libérer vos émotions. En choisissant une activité en adéquation avec vos besoins, vous vous donnez les moyens de contrôler votre intensité à l'approche de votre rencontre.

Canaliser l'intensité

L'intensité d'une personne qui assiste à un premier rendez-vous peut entraîner une dynamique qui ne convient pas à l'autre. Veillez donc à ajuster votre comportement pour vous adapter à l'autre en vue de vous assurer de la bonne harmonie du moment passé ensemble. Lors de votre tête-à-tête, veillez à rester concentré sur votre discussion, sans vous éparpiller en digressions permanentes. En outre, restez pleinement engagé dans l'instant présent, et évitez de vous distraire en écoutant les conversations attenantes ou d'observer l'animation environnante. Évitez aussi de vous concentrer sur les distractions externes, telles que les bruits de fond, les mouvements alentour, ou même la tentation de vérifier votre téléphone. Votre attention témoigne de votre intérêt et de votre respect pour la personne en face de vous. Si, malgré vos efforts, l'alchimie avec votre interlocuteur ne semble pas opérer, ne vous découragez pas ; il s'avère parfois nécessaire de s'accorder plus de temps pour que l'attirance se développe.

ACCORDER UNE DEUXIEME CHANCE

Un premier rendez-vous, nourri d'attentes et d'espoirs, peut parfois laisser un sentiment mitigé. Face à des émotions ambivalentes, une réflexion s'impose pour analyser le déroulement de la rencontre afin de partager ouvertement vos impressions et en déduire la suite.

Décryptage de la situation

Un rendez-vous contrasté n'annonce pas forcément une relation sans avenir, sauf en cas de différences incompatibles. Parfois, il faut du temps pour ressentir de l'attirance et développer une connexion plus profonde.

> « Ce qu'on prend en présence de l'être aimé n'est qu'un cliché négatif, on le développe plus tard, une fois chez soi. »
>
> Marcel Proust, extrait de « À l'ombre des jeunes filles en fleurs »

À l'issue de votre première rencontre, il faut parfois du temps pour identifier vos impressions et vos sentiments à partir des souvenirs de votre tête-à-tête. Dans certains cas, la personne que vous avez rencontrée ne vous déplaît pas complètement mais vous n'avez pas ressenti de coup de foudre ou de déclic. Pour y voir plus clair, vous pouvez identifier les aspects qui vous plaisent et vous déplaisent. Concernant ces derniers points, vous pouvez chercher à comprendre ce qui n'a pas fonctionné. Parfois, il existe des explications rationnelles dont vous n'avez pas connaissance, votre interlocuteur sort d'une rupture difficile, ou bien il vit une situation stressante, ou bien il a mal dormi, il est fatigué, anxieux à l'idée de vous rencontrer. Le fait de prendre en considération ces possibilités peut vous aider à changer de regard sur lui ou elle. Se mettre à la place de l'autre peut vous permettre de mieux comprendre son comportement. N'oubliez-pas qu'une simple rencontre ne révèle pas toujours toute l'étendue d'une personnalité. Repensez aux points forts de votre rendez-vous et identifiez les échanges stimulants, les moments de complicité ou les passions partagées. Ces aspects peuvent constituer le prélude à une relation enrichissante et vous donner envie reprendre contact.

Partager ses ressentis

En fonction du contexte, une seconde rencontre peut vous donner l'occasion d'évoquer le souvenir du premier rendez-vous et éventuellement d'aborder la constatation du manque de fluidité ressentie lors du premier tête-à-tête. Cette démarche doit se réaliser non dans un esprit critique, mais avec l'intention de surmonter les obstacles. Le fait d'exprimer clairement les éléments négatifs de votre point de vue peut permettre à votre interlocuteur d'exprimer ses impressions. Il peut éprouver des sentiments similaires ou posséder sa propre analyse du moment passé ensemble. Une telle conversation, menée avec tact et bienveillance, peut non seulement rectifier le cap, mais également tisser un lien plus solide basé sur l'honnêteté et la confiance. Néanmoins, malgré vos efforts, une deuxième rencontre peut aussi mener aux mêmes impressions qu'à l'issue du premier rendez-vous.

Dresser le bilan

Si le deuxième rendez-vous ne suscite toujours pas d'étincelle, inutile de persister. Rappelez-vous que toutes les rencontres ne mènent pas à une histoire. Chaque tête-à-tête, parfait ou imparfait, constitue une opportunité de comprendre ce qui vous convient, ou non, et cela vous aide progressivement à cheminer. Ces expériences délicates ou compliquées vous guident et vous préparent pour vos futurs rendez-vous. En continuant dans cette exploration personnelle, une question se pose naturellement : les conseils en séduction peuvent-ils vous guider efficacement ?

Chapitre 10.
Les techniques de séduction toxiques

Dans leur quête de succès sur les applications de rencontres, des célibataires se tournent vers des guides et des conseils en séduction pour adopter des astuces et des tactiques pour changer le cours de leur destin sentimental. Toutefois, appliquer ces conseils sans discernement peut s'avérer problématique et entraîner des conséquences insoupçonnées.

Témoignage Maxence, 29 ans :

« Notre société possède de plus en plus de coachs en séduction, livres en séduction, tutos en séduction, forums en séduction… Et bien d'autres encore. Après avoir écouté quelques témoignages de personne ayant fait appel à ce type d'aide, ainsi que quelques lectures personnelles sur la séduction, je constate que tout se joue sur la première impression avec des techniques qui sont, avant tout, psychologiques, psychanalytiques ou encore de l'ordre de la programmation neurolinguistique. Les coachs analysent en détail le mental féminin afin de trouver leurs failles et ainsi, trouver des scripts de langage universel pour les toucher et leur faire baisser la garde. Je me pose ainsi la question, où allons-nous avec ces méthodes de séduction ? Est-ce que les femmes ne vont pas mettre en place des stratégies encore plus élaborées pour ne pas se faire « avoir » et ainsi rendre les rencontres encore plus difficiles ? Séduire une personne doit être un acte de plaisir, pour découvrir une personne, son fonctionnement, son regard, ses préférences, ses valeurs, ses ambitions, sa créativité, sa beauté, sa générosité, son évolution, sa réceptivité, ses rêves et ses projets. Lorsque l'intention de la découvrir sans jugement est effective, alors « la rencontre se produit ». Bien sûr, cela implique aussi de montrer son « moi profond » et donc de savoir se rendre vulnérable.

Si des conseils peuvent sembler inoffensifs ou même efficaces, à première vue, certains s'avèrent en réalité toxiques et peuvent nuire tant à celui qui les emploie qu'à son destinataire. Parmi ces méthodes controversées, il existe l'art de se montrer insaisissable, d'alterner son intérêt et son désintérêt, la technique du dénigrement, la rivalité, la création d'une fausse fragilité, ainsi que l'imitation, la survalorisation et enfin, l'instauration d'une tension sexuelle. Explorerons ces techniques sous un angle critique afin de mettre en lumière leurs dangers potentiels et les conséquences de leur mise en œuvre.

L'INACCESSIBILITÉ

Aussi appelée le « hard to get », cette méthode consiste à adopter une posture où vous donnez l'illusion d'une personne difficile à conquérir aux yeux de la personne qui vous attire. Cette technique s'appuie sur un levier psychologique efficace : en vous rendant moins disponible ou en limitant volontairement vos réponses et vos interactions, vous créez du mystère. Cette distance calculée vise à augmenter votre attractivité en suscitant chez l'autre un sentiment de défi et un désir accru de gagner votre attention. L'objectif de cette stratégie consiste à capter l'attention de la personne que vous convoitez et à amplifier son intérêt pour vous, en jouant sur la rareté et l'envie de vous séduire, car vous semblez hors de portée.

- → En vous montrant trop distant ou inaccessible, la personne peut perdre son intérêt et se détourner de vous.

- → Construire une relation sur un jeu de manipulation ne préfigure pas une base saine et épanouissante à long terme.

- → Si la personne visée prend conscience de la manipulation, elle peut se sentir trahie et vous considérez comme une personne toxique.

LE JEU DU CHAUD ET FROID

La stratégie du « push-pull » consiste à attirer et à repousser alternativement votre interlocuteur. Par exemple, vous envoyez une série de messages attentionnés puis vous arrêtez soudainement de lui écrire ou vous passez une soirée agréable et vous ne donnez plus de nouvelles après votre tête-à-tête. En agissant ainsi, vous créez un cycle d'incertitude chez l'autre, jouant à la fois sur son besoin d'approbation et ses peurs d'abandon. Cette dynamique vise à maintenir la personne dans un état d'alerte émotionnelle, où la rareté de vos échanges rend ces instants particulièrement précieux et désirables. En offrant de l'affection de façon imprévisible, vous cherchez à stimuler son besoin d'obtenir de l'attention et de l'affection de votre part.

→ Il s'agit d'un mécanisme de psychologie comportementale appelé « récompense aléatoire » qui consiste à utiliser un mécanisme d'addiction pour séduire votre interlocuteur. Cela agit sur son système cérébral grâce à l'afflux de dopamine, l'hormone du bonheur, déclenchée quand vous manifestez des signes de votre intérêt.

→ Il ou elle deviendra effectivement accro à vous car vous aurez en quelque sorte « hacké » son cerveau.

LA DÉVALORISATION

Aussi appelée le « negging », cette technique consiste à énoncer des commentaires négatifs ou dévalorisants à l'égard de votre interlocuteur dans le but de le ou la déstabiliser émotionnellement. Cela peut concerner son physique, ses petits défauts et ses imperfections. Par exemple, cela peut se traduire par une remarque du genre « tu n'aurais pas forcé sur le parfum ? » Cette technique permet de le ou la rendre plus réceptive à vos avances car vous l'informez qu'il ou elle manque de valeur pour vous intéresser. Cette technique repose sur l'instinct humain qui consiste à chercher la validation et la reconnaissance de l'autre. Cette méthode enclenche son désir de vous plaire et de vous séduire parce que votre interlocuteur ressent le besoin de se rassurer et de trouver du réconfort auprès de vous.

→ Votre interlocuteur peut finir par s'apercevoir que vous le ou la dévaloriser à tort et vous adresser, en retour, des attaques et des critiques, vous entraînant ensemble dans un jeu malsain.

→ Ce petit jeu de manipulation paraît anodin quand on se situe du côté de la personne qui l'orchestre, mais en réalité en suivant ce conseil, vous poussez la personne qui vous plaît à se dévaloriser et potentiellement à diminuer sa confiance et son estime d'elle-même.

→ En émettant des commentaires négatifs ou en dévalorisant l'autre, vous impulsez une dynamique où il ou elle va chercher constamment votre approbation et votre affection. Cela peut conduire à une forme de dépendance et de soumission affective.

LA JALOUSIE

Ce conseil suggère de créer de la rivalité en vous entourant d'autres prétendants ou de flirter devant la personne qui vous plaît. L'objectif consiste à lui montrer qu'elle devrait se battre pour vous obtenir car vous suscitez du désir et que vous pouvez convoiter quelqu'un d'autre. Issue de la psychologie de l'influence, cette attitude consiste à mettre en lumière votre valeur grâce à l'intérêt que les autres vous portent. Cette technique de séduction repose également sur le ressort psychologique de « l'aversion de la perte » qui vise à stimuler un sentiment d'urgence chez la personne qui vous intéresse pour la pousser dans vos bras car elle craint de vous perdre. En activant cette peur, vous poussez la personne à redoubler d'efforts pour vous conquérir, redoutant de vous voir vous éloigner avec un autre prétendant.

→ Provoquer la jalousie de la personne qui vous plaît peut l'aider à réaliser les sentiments qu'il ou elle ressent pour vous. Néanmoins, ce conseil implique une mise en scène caricaturale dont il ou elle peut prendre conscience.

→ Vous resterez dans l'incertitude et la confusion : comment savoir s'il ou elle ressent des sentiments sincères ou s'il ou elle a succombé pour « gagner » et valoriser son ego ?

→ Cette technique de séduction se base sur la création de l'insécurité psychologique de la personne qui vous plaît. In fine, il ou elle peut douter de vos sentiments et de sa propre valeur.

→ Votre interlocuteur peut aussi entrer dans votre jeu de séduction. Cela peut le ou la conduire à une obsession malsaine et à un sentiment d'infériorité persistant.

LA FAUSSE VULNÉRABILITÉ

Cette stratégie repose sur la mise en scène de confidences intimes et la révélation de détails personnels soigneusement choisis dans le but de feindre votre vulnérabilité face à la personne qui vous plaît. La vulnérabilité permet de créer une connexion émotionnelle, de susciter de l'empathie ou de la pitié. Vous vous servez donc de ce mécanisme pour attendrir ou émouvoir la personne qui vous intéresse. Par exemple, vous racontez la version inventée ou exagérée de votre accident, ou d'un traumatisme d'enfance, ou vous exprimez des doutes et des insécurités de manière à montrer de la fragilité. Le fait de choisir de baisser vos gardes uniquement avec cette personne peut lui attribuer un rôle privilégié, ce qui peut accroître son attachement et son intérêt pour vous et son envie de vous protéger ou de vous soutenir.

→ La fausse vulnérabilité empêche la formation de liens authentiques. Bien que cette approche puisse déclencher des bénéfices immédiats, comme obtenir de l'attention et de la compassion, elle s'avère insoutenable à long terme car elle repose sur le mensonge et la tromperie.

→ Lorsque la vérité émerge, la personne ciblée peut se sentir trahie et manipulée. Elle a accordé sa confiance sur la base d'une tromperie, ce qui peut entraîner des sentiments d'humiliation ou de honte.

LE MIMÉTISME

Cette approche, souvent désignée sous le terme de « mirroring » ou miroir, se traduit par l'adoption délibérée des gestes, postures, expressions du visage, des mêmes nuances vocales de la personne que vous aimeriez séduire. Par exemple, quand elle penche la tête en vous écoutant, vous reproduisez subtilement le même mouvement ; si elle utilise des expressions particulières ou un certain type d'humour, vous intégrez ces éléments dans votre propre manière de communiquer. L'efficacité de cette technique repose sur le principe psychologique selon lequel les individus se sentent plus proches et plus en confiance avec ceux qui leur ressemblent ou qui partagent leurs propres modes de communication et d'expression. En imitant discrètement la personne que vous souhaitez séduire, vous envoyez des signaux subconscients de compatibilité et d'harmonie, ce qui peut favoriser une attraction mutuelle et renforcer le lien émotionnel entre vous. De même, cette méthode peut aussi impliquer d'affirmer partager de prétendus points communs.

→ Si votre interlocuteur réalise que vous imitez son comportement, il ou elle risque de se méfier et de s'interroger sur votre nature et votre personnalité.

→ Votre interlocuteur peut rapidement réaliser que vous mentez sur vos faux points de convergence en vous posant des questions.

LA MISE EN SCÈNE

Pour mettre en application cette stratégie, vous partagez avec votre interlocuteur des histoires et des anecdotes de manière exagérée pour souligner avec insistance vos succès, vos expériences réussies ou vos compétences. Par exemple, lors d'une conversation, vous exhibez des photos qui témoignent de vos réussites ou de vos connexions sociales importantes pour souligner votre statut ou votre réseau. Vous cherchez ainsi créer une impression de rareté et d'exclusivité, laissant entendre que votre interlocuteur commettrait une erreur d'appréciation s'il ou elle ne vous convoitait pas. De même, cette méthode peut aussi concerner le fait d'élaborer un plan en utilisant toutes les occasions de placer des compliments et des phrases « toutes faites » pour séduire votre interlocuteur.

→ Vos paroles peuvent sonner creux et donner l'impression que vous cherchez juste à plaire sans vous investir réellement.

→ Cette démarche peut donner l'impression que vous cherchez de l'attention et de l'admiration. Votre interlocuteur peut ressentir de l'arrogance et du narcissisme se dégager de vous.

→ La personne peut se sentir rabaissée ou diminuée par vos « exploits ».

→ Une fois découvert, les mensonges et les exagérations vous retirent toute crédibilité.

LA SEXUALISATION

Pour concrétiser cette approche, vous commencez par établir un contact visuel soutenu pour communiquer votre intérêt et initier une tension sexuelle. Dans le prolongement de ces échanges, vous introduisez un contact physique léger et apparemment accidentel en effleurant sa main, en touchant brièvement son épaule, ou en guidant son dos avec votre main en traversant une pièce encombrée. Puis, vous optez pour des gestes plus affirmés, comme une caresse sur le bras lors d'un rire partagé ou sur la main dans un moment de complicité. Vous prenez l'initiative de l'embrasser par surprise. De manière plus poussée, vous sous-entendez la possibilité de réaliser ses désirs ou ses fantasmes. Vous cherchez à éveiller son désir sensuel et à stimuler son attraction sexuelle dans le but de le ou la séduire. En instaurant une tension sexuelle, vous marquez votre volonté de quitter la « friend zone » (relation amicale).

→ Cette technique peut mener à prendre l'ascendant psychologique sur lui ou elle par le biais de la sexualité. Cela peut entraîner une manipulation émotionnelle où la personne ciblée se sent contrainte à répondre à cette incitation, même s'il ou elle n'en ressent pas vraiment le désir. Cela peut l'empêcher de se sentir réellement consentant.

→ Cela peut engendrer une confusion émotionnelle où la personne peut confondre votre intention de la séduire pour passer la nuit avec elle avec une affection réelle et des sentiments sincères de votre part.

En appliquant rigoureusement ces méthodes, vous risquez de donner une impression d'artifice et de manœuvre. Cela peut mener à des relations superficielles, dépourvues de profondeur. Par ailleurs, n'oubliez pas que ces conseils s'appuient sur des mécanismes de manipulation et peuvent fragiliser des personnes sincèrement éprises de vous et créer des dommages psychologiques dévastateurs à plus long terme : manipulation émotionnelle, emprise, traumas... Par conséquent, évitez de mettre en œuvre ces stratégies manipulatrices aux conséquences néfastes, et veillez à établir une connexion sincère et respectueuse dans la perspective de revoir votre interlocuteur.

Chapitre 11.
Donnez l'envie de vous revoir

Lors d'un premier rendez-vous, chaque détail compte pour rendre votre rencontre inoubliable. Selon un sondage mené par l'*Ifop* en 2020, les célibataires qui assistent à leur premier tête-à-tête ressentent une petite étincelle à partir du moment où ils apprécient l'ambiance (74%), quand ils identifient des points communs avec leurs interlocuteurs (72%) et lors du premier contact physique (70%)[55]. Pour mettre toutes les chances de votre côté pour réussir ce moment, il faut à la fois penser au contexte extérieur en assurant l'organisation de la rencontre et aussi prendre en compte les aspects qui vous concernent directement pour donner la meilleure image de vous tout en restant authentique. Il faut également réfléchir à la meilleure façon de mener la conversation pour optimiser la qualité de vos échanges et mettre votre interlocuteur en confiance. Si tout se déroule sans accros, vous pouvez partager vos intentions concernant le type de relation que vous recherchez tout en vous assurant que vous évitez les faux-pas qui laisseraient un mauvais souvenir de votre rencontre.

ASSURER LE RENDEZ-VOUS

Afin de garantir le succès de votre première rencontre, veillez à prendre en compte les aspects microscopiques et macroscopiques de cet événement. Cela nécessite, d'un côté, de vous présenter sous votre meilleur jour, et d'un autre côté, de proposer un lieu de rendez-vous dans un cadre agréable et inoubliable. Enfin, manifestez clairement votre intérêt en adoptant une attitude prévenante et attentive envers votre interlocuteur.

Soigner son image

Le fait d'assister à un premier rendez-vous en présentant la meilleure image de soi montre l'importance accordée à cette rencontre et le souhait d'entreprendre des efforts pour plaire à l'autre. Par conséquent, même si vous possédez un charme fou, un sens de l'humour redoutable ou un charisme naturel, ne négligez jamais l'importance de votre apparence physique. Des cheveux gras ou des ongles sales peuvent considérablement atténuer votre pouvoir de séduction. Le fait de délaisser votre apparence renvoie un signal négatif, signifiant que vous ne cherchez pas réellement à entreprendre d'efforts pour séduire votre interlocuteur. Alors, mettez en valeur vos atouts : votre style vintage, votre barbe bien taillée, votre longue chevelure... Cette démarche ne consiste pas à transformer votre apparence physique, par contre, vous pouvez accorder de l'importance à votre tenue en tenant compte de votre personnalité et de ce que vous assumez : une tenue simple et efficace, extravagante, sexy... Choisissez des vêtements pour vous sentir confiant et à l'aise. Si vous accordez de l'importance à votre image, pensez également à choisir le bon cadre pour organiser votre rencontre.

Choisir un lieu mémorable

L'ambiance d'un environnement peut impacter un premier rendez-vous de manière négative ou positive. En cas de courant d'air ou de musique trop forte, votre échange peut devenir pénible. Alors qu'une ambiance cosy et accueillante donne plus envie de passer un long moment ensemble. L'atmosphère de votre tête-à-tête participe à la réussite d'un premier tête-à-tête. Il faut donc vous assurer de choisir le bon endroit en vue de vous retrouver dans un esprit qui vous correspond respectivement. Vous pouvez prendre l'initiative de suggérer une proposition, dans ce cas, veillez à proposer des idées et non les imposer de manière unilatérale. Quel genre d'expérience souhaitez-vous vivre à ce premier rendez-vous ? Une dégustation de cocktails sous fond de musique et de lumière douce dans un bar intimiste ? Une balade à l'ombre des marronniers dans les allées d'un parc ? Découvrir des tableaux, des sculptures ou des œuvres d'art dans un musée ? Regarder un film dans la pénombre d'une salle de cinéma pour vous laisser le temps de vous découvrir ? Pensez-bien à effectuer un choix qui respecte également les goûts et les préférences de votre interlocuteur.

Il existe de nombreuses options, mais il convient néanmoins de choisir un lieu cohérent avec vos goûts et vos besoins. Si vous n'appréciez pas les ambiances trop bruyantes et les éclairages éblouissants, ne cherchez pas à l'impressionner en l'invitant dans un *spot* branché et bruyant, mais au contraire, optez pour un cadre plus intimiste qui vous correspond davantage. Ne vous limitez pas au choix traditionnel du café ou du bar, il existe plein d'autres possibilités moins conventionnelles. Par ailleurs, le fait de vous retrouver à une exposition, à l'occasion une activité artistique ou sportive permet de briser plus facilement la glace. Vous pouvez aussi assister à un spectacle, un stand-up, aller au bowling. Cela vous permettra de démarrer la discussion en abordant vos goûts respectifs avant d'aborder des sujets plus personnels. Par ailleurs, si vous souhaitez laisser un souvenir mémorable à votre première rencontre, vous pouvez prévoir plusieurs endroits, ambiances ou activités à effectuer le temps de votre tête-à-tête. Cette approche peut créer l'impression de multiples rendez-vous passés ensemble et par conséquent le sentiment que votre relation évolue de manière accélérée. Par exemple, vous pouvez vous retrouver dans un parc, poursuivre votre discussion en vous baladant, vous arrêter dans un bar, puis vous rendre dîner dans un restaurant, cela vous permet de cumuler quatre expériences au lieu d'une seule dans un endroit unique. Vous garderez en mémoire ce premier rendez-vous, donc choisissez bien le lieu pour démarrer votre histoire, cela compte autant que le fait de réussir le cap des premiers instants en face-à-face.

Réussir les premiers instants

Rencontrer un inconnu constitue une aventure impressionnante et déconcertante. Les premières secondes peuvent se dérouler dans une ambiance de confusion, d'anxiété, de timidité, et d'intimidation. Imaginez que vous vous apprêtez à le ou la rencontrer pour la première fois dans un café. Au moment où vous franchissez la porte, vous apercevez au loin une personne qui attend, potentiellement votre interlocuteur. Votre cœur bat la chamade et une vague d'anxiété vous submerge à l'idée de vous retrouver face à cet inconnu. Vous ressentez un mélange de nervosité, d'excitation, et d'incertitude parce que vous

vous demandez ce qu'il ou elle va penser en vous découvrant. Dans ces premiers instants, au lieu de laisser le stress ou la timidité prendre le dessus, essayez de focaliser toute votre attention sur le regard de la personne qui se tient devant vous. En vous concentrant sur ses yeux, vous créez un point d'ancrage qui peut vous aider à éclipser votre nervosité. Pour vous aider à vous détendre davantage, vous pouvez utiliser une technique mentale simple : imaginez que vous connaissez déjà votre interlocuteur. Cette approche mentale permet de duper temporairement votre cerveau, diminuant votre stress et vous permettant de vous adapter plus aisément à cette nouvelle rencontre. Pensez en parallèle à projeter une attitude ouverte et chaleureuse pour signaler à votre interlocuteur que vous appréciez de le rencontrer. Une fois, les premiers instants écoulés, vous pouvez vous concentrer sur votre souhait d'apprendre à le connaître et lui manifester votre bienveillance.

Montrer son attention

Le prénom d'une personne constitue une partie importante de son identité. De ce fait, l'interpellation par votre prénom attire immédiatement votre attention. Cela implique que votre cerveau analyse immédiatement de nombreux signaux, notamment, la reconnaissance de la voix d'un proche, la détection de l'intonation pour identifier le contexte. La manière dont on prononce votre prénom peut déclencher en vous des émotions de peurs si vous sentez un ton de reproche, de joie si vous identifiez de l'enthousiasme et même du désir si vous entendez le timbre de la voix de la personne qui vous plaît. De la même manière, le fait de prononcer le prénom de votre interlocuteur peut déclencher différentes émotions de son côté. D'une part, cela augmente et focalise immédiatement son attention. D'autre part, cela envoie le signal de l'intérêt et de la reconnaissance que vous lui portez. Veillez à utiliser la bonne intonation, il faut éviter un ton trop nonchalant ou trop tonique. La manière de prononcer le prénom de votre interlocuteur annonce l'intention que vous souhaitez donner à votre rendez-vous : de la complicité, de la séduction, de la camaraderie... Il existe d'autres façons de lui montrer votre intérêt. Le fait de prendre en compte ses goûts et ses besoins permet d'instaurer une relation de respect et de confiance. Cela peut se traduire par de petits gestes, tels que proposer la place assise sur la banquette, ou par des marques d'attention plus marquées, comme parcourir une plus longue distance pour alléger son trajet ou son temps de transport. Pour autant, veillez à trouver le juste équilibre, cela signifie qu'il ne faut pas négliger vos propres besoins et éviter un dévouement excessif. Communiquer votre intérêt à votre interlocuteur ne suffit pas à créer une connexion entre vous. Pour cela, il faut lui donner accès à votre personnalité pour lui laisser la possibilité de découvrir ce qui l'attire en vous.

ÊTRE AUTHENTIQUE ET ATTIRANT

L'une des grandes peurs des individus en quête de relations sociales concerne la crainte de ne pas plaire. Cette inquiétude peut conduire certaines personnes à s'écarter de leur personnalité pour se mettre dans la peau d'un individu plus plaisant et attirant. Pourtant, une personne confiante et authentique semble naturellement séduisante. Associer votre envie de plaire à votre volonté de rester authentique demande une certaine agilité. Pour y parvenir, évitez de chercher l'approbation extérieure et montrez-vous naturel et sincère, en gardant à l'esprit que vous plairez si vous restez fidèle à vous-même.

Le naturel, la meilleure version de soi-même

Le site de rencontres *Meetic* a mené une enquête en 2023 afin d'identifier les aspects qui attirent un prétendant lors d'une première rencontre. En première position, il s'agit de la personnalité (54%), puis le regard (50%), ensuite le sourire (44%) et enfin la voix et la façon de s'exprimer (41%)[56]. N'oubliez pas qu'il vaut mieux ne pas plaire à quelqu'un et rester vous-même plutôt que de lui plaire en adoptant une personnalité différente de la vôtre. Présentez-vous en toute franchise en valorisant vos atouts et sans accentuer vos défauts. Veillez également à révéler votre particularité atypique au moment opportun.

RESTER SOI-MÊME POUR ÊTRE AIMÉ

La volonté de réussir un rendez-vous peut vous pousser à agir et à vous comporter d'une manière différente dans le but de séduire votre prétendant. Il peut s'avérer tentant de modifier des petites choses qui paraissent anodines et insignifiantes comme le fait de prendre une bière alors que vous n'aimez pas particulièrement cela dans le seul but de partager les mêmes goûts que lui ou elle. Cette ouverture d'esprit peut vous sembler constituer un point commun qui permettra d'attirer son attention. Pourtant, le fait d'ajuster vos goûts dans le but de plaire à votre interlocuteur vous entraîne dans une réalité parallèle où vous incarnez une autre personne. Cette attitude peut vous inciter à poursuivre vos petits mensonges pour prouver que vous incarnez la personne qu'il ou elle souhaitait rencontrer. Mentir ou dissimuler la vérité revient au même résultat. Donc si vous dissimulez vos échecs, vos failles, vos défauts... vous choisissez de renvoyer l'image d'une version que vous jugez améliorée de vous-même, mais en réalité, cette personne n'existe pas. Donc, ne prétendez pas incarner une autre personne pour plaire. De plus, si votre relation évolue, votre partenaire finira par s'en apercevoir ultérieurement et pourrait alors vous le reprocher.

« Être aimé, c'est avoir la chance de l'être tel que nous sommes : celui ou celle qui nous aime vraiment nous accepte alors avec nos forces et nos fragilités, sans vouloir que nous soyons différent. »

Charles Pépin, extrait de « La rencontre, une philosophie »

Pour éviter de douter de vos capacités à plaire, rappelez-vous de toutes les personnes de votre entourage qui vous aiment. En vous appuyant sur ces pensées positives, cela peut vous donner de l'assurance pour vous sentir potentiellement apprécié par la personne que vous rencontrez. Cet état d'esprit vous permet de dégager une impression positive et de confiance. Cela permet de vous mettre en condition et en situation de plaire à l'autre. Le fait de vous aimer constitue une base solide pour développer une relation avec un partenaire qui vous acceptera dans votre entièreté. Si vous dissimulez votre réelle personnalité, vous construirez une histoire bancale. Apprenez à identifier les points forts qui vous aideront à vous valoriser.

CAPITALISER SUR SES ATOUTS

Le fait d'apprendre à vous connaître et d'aimer votre personnalité permet de maîtriser davantage votre capacité à valoriser vos forces et à accepter vos faiblesses. Pour mettre toutes les chances de votre côté pour plaire à votre interlocuteur, vous pouvez accentuer son regard sur vos atouts. Vous pouvez subtilement mentionner vos accomplissements et vos réussites et aborder des sujets qui mettent en valeur vos qualités. Si vous manquez d'idées pour vous mettre en valeur, commencez par identifier les facettes de votre personnalité qui plaisent à votre entourage. Prenez le temps de remarquer ce que les autres apprécient en vous quand ils vous rencontrent.

Vos traits de caractère : Drôle, généreux, ambitieux, sensible, affectueux, joyeux, combatif, courageux, curieux, créatif, délicat, déterminé, doux, positif, motivé, optimiste, soigné, attentionné, organisé, passionné, patient…

Votre manière d'être : Pétillant, rayonnant, épanoui, décontracté, enthousiaste, jovial, naturel, élégant, souriant, séduisant, sympathique, calme, dynamique, charismatique…

Vos avantages physiques : Vos cheveux, votre regard, la forme et la couleur de vos yeux, la forme de votre bouche, votre silhouette, vos mains… Pour faire ressortir la couleur de vos yeux, optez par exemple pour une couleur flatteuse proche de votre visage avec un foulard ou un pull adapté à votre colorimétrie. En outre, le meilleur outil pour attirer une personne qui vous plaît se trouve en vous. Pour accompagner cette inclination, il vaut mieux cerner et mettre en avant vos atouts car cela vous donnera plus de confiance face à votre interlocuteur.

L'IMPORTANCE DE LA FRANCHISE MESURÉE

Présenter une image authentique lors d'une première rencontre ne requiert pas d'apporter toute la transparence sur votre personnalité, votre mode de fonctionnement et vos imperfections. Le fait de vous présenter de manière franche et exhaustive peut déstabiliser votre interlocuteur qui ne souhaite pas forcément connaître tous ces détails à ce moment-là. De même, le fait de souligner vos défauts dès le premier échange peut donner l'impression que vous vous dénigrez. Révélez progressivement les différents aspects de votre personnalité en fonction de l'évolution de votre relation et du contexte. Cela permet d'établir une connexion sincère sans basculer dans une mise à nu déroutante. À l'opposé, il ne faut pas non plus tarder à donner la possibilité à votre interlocuteur de posséder les clés essentielles pour comprendre votre mode de fonctionnement.

ABORDER SA DIFFÉRENCE AU MOMENT OPPORTUN

Les individus concernés se questionnent souvent sur le bon moment pour aborder le sujet de leur atypisme, faut-il plutôt en parler avant, durant, ou après un premier rendez-vous ? Selon le contexte, révéler cette information ne s'avère pas indispensable dès le premier rendez-vous. Toutefois, une divulgation trop tardive pourrait apporter des malentendus et des incompréhensions. En outre, des personnes atypiques peuvent craindre la réaction de leur interlocuteur et donc préfèrent repousser le moment de parler de ce sujet. Pourtant, une enquête auprès des jeunes utilisateurs de *Tinder* révèle que la moitié d'entre eux ne s'oppose pas à rencontrer des personnes présentant un handicap ou concernées par la neurodiversité[57]. Il faut préciser que les individus concernés par le TSA (Trouble du Spectre de l'Autisme) peuvent rencontrer des défis dans la compréhension des subtilités de la communication sociale, notamment en cas d'insinuations ou de signaux non verbaux, les mettant ainsi en difficultés pour exprimer et comprendre certains sentiments et émotions. Si c'est votre cas, il vaut mieux expliquer vos particularités pour que votre interlocuteur saisisse les clés de votre façon d'interagir. Ces situations peuvent augmenter la crainte de ne pas plaire, favorisant l'initiative de se valoriser à l'excès dans le but de mettre toutes les chances de son côté.

Ne cherchez pas trop à plaire

Sur les applications de rencontres, certains célibataires précisent clairement le type de personne qu'ils aimeraient rencontrer. Ces précisions peuvent orienter leurs interlocuteurs à identifier le portrait-robot de la personne idéale qu'ils recherchent. Cela peut même les inciter à se mettre dans la peau de ce personnage pour optimiser leurs chances de *match*er. Cette attitude les poussent à adopter un comportement de coquille vide. En apparence, ils peuvent correspondre aux souhaits de leur *target* (cible) mais il n'existe aucune cohérence avec l'intérieur de leur être. L'équilibre en matière de séduction demeure un défi constant : comment se valoriser pour montrer le meilleur de soi-même sans pour autant basculer dans l'exagération ?

SE METTRE EN VALEUR

Deux inconnus apprennent à se découvrir par l'observation réciproque de leurs attitudes, de leurs échanges, et même l'interprétation des non-dits. Ainsi, votre premier rendez-vous ouvre la voie à une découverte mutuelle, enrichissant à la fois votre perception de l'autre et offrant à ce dernier des clés pour apprendre à mieux vous connaître. Bien qu'il possède vraisemblablement quelques informations vous concernant, le fait de lui fournir des détails supplémentaires s'avère essentiel pour qu'il puisse affiner sa perception de votre personnalité. Pour réussir à vous mettre en valeur dans une conversation, vous devez apprendre à parler de vous d'une manière positive et engageante. Évitez les descriptions abstraites et les raccourcis mais au contraire, prenez le temps de détailler vos expériences. Ainsi, au lieu de mentionner simplement votre créativité, relatez des anecdotes précises sur des projets accomplis, parlez de votre processus créatif, de votre évolution artistique et de vos ambitions. Cette démarche permet de mettre naturellement en lumière votre talent, votre détermination et votre singularité. Toutefois, évitez d'accaparer toute la lumière sur vous.

ÉVITER DE VOULOIR TROP BRILLER

La quête de séduction peut inciter des célibataires à se présenter comme des personnes brillantes et talentueuses à qui tout réussit. Au lieu de s'épancher sur leur solitude, au contraire, ils mettent en avant leur liberté qui leur permet d'évoluer dans leur carrière ou de se lancer dans des aventures exaltantes, comme des voyages ou des expériences insolites. Ils choisissent de parler uniquement du positif afin d'émerveiller leurs interlocuteurs. En ce sens, si vous cherchez à embrasser cette attitude dans le but d'impressionner la personne que vous rencontrez en étalant votre intelligence, votre culture, ou vos réussites, cette démarche risque de vous mener à endosser le rôle d'un expert en storytelling. Vous maîtrisez, ainsi, votre présentation pour mettre en avant vos atouts, vos projets et vos ambitions. Cette façon de vous mettre en scène renvoie bien l'image d'une personne qui réussit sa vie. Néanmoins, cette version lisse de vous-même peut donner l'impression d'une vision superficielle de votre vie et d'un discours préconçu récité par cœur. Il risque d'y manquer notamment les aspérités qui reflètent vos difficultés et vos échecs et les répercussions engendrées sur votre vie. L'ambition de donner une bonne impression lors d'un rendez-vous peut entraîner une certaine désorientation, d'autant plus que des conseils et des stratégies glanés au fur et à mesure peuplent sûrement votre esprit.

Se méfier des clichés

L'étendue de la séduction dépasse souvent les images véhiculées dans les publicités et les médias. Cependant, il convient de se questionner sur les attributs de séduction qui opèrent dans la vie réelle. La beauté, l'humour, la confiance et l'absence de défauts semblent constituer des attributs incontournables, mais peut-on réellement les considérer comme des atouts essentiels et infaillibles ?

LA BEAUTÉ

Les standards de beauté, hautement subjectifs, varient selon les préférences individuelles et les contextes culturels. L'attrait physique joue, généralement, un rôle important dans la séduction, sans pour autant constituer une garantie universelle de trouver un partenaire. En effet, des individus considérés comme attirants ne parviennent pas systématiquement à établir des relations amoureuses. Par ailleurs, les couples se forment souvent au-delà des normes esthétiques établies. La beauté appartient à un ensemble d'éléments qui entraînent l'attirance. La séduction dépasse fréquemment les simples attributs physiques.

Témoignage de Olivier, 48 ans :

« La beauté est subjective... et c'est tant mieux ! Chacun a ses propres préférences, les choses auxquelles il prête le plus attention, les choses qui l'attirent le plus. Certains hommes préférèrent les femmes grandes ou petites, blondes, brunes ou rousses, filiformes ou avec des formes. Et certaines femmes fondent devant un homme roux ou brun, aux yeux noisette ou vert, rasé impeccablement ou avec une longue barbe, avec des tablettes de chocolat ... ou pas. Ça me fait toujours sourire quand mes meilleurs amis, dont les critères sont visiblement différents des miens, me disent qu'ils trouvent une fille incroyablement jolie, attirante, alors qu'elle ne provoque rien chez moi, Et les filles qui me plaisent beaucoup, souvent, ne les attirent pas. Je suis surtout attiré par une personne passionnante, dont la personnalité matche avec la mienne, que par une fille qui correspondrait à un standard de beauté physique. Sur un site de rencontre, c'est parfois dur d'être attiré par une photo, donc, à travers une photo, un sourire, un regard, je vais essayer de détecter des éléments de la personnalité qui me plairont. »

L'essence de l'attirance se constitue d'un mélange, non mesurable, d'éléments additionnés : le charme, l'odeur, le sourire, le regard, mais aussi l'originalité, la fantaisie, l'intelligence, la sensibilité...

« La beauté n'est pas ce qui est beau, mais ce qui nous plaît. »

Proverbe italien

Par ailleurs, une enquête révèle que 41% des célibataires tentent de voir au-delà d'une première impression physique mitigée[58]. La génération actuelle privilégie davantage les qualités de loyauté (79%), de respect (78%) d'ouverture d'esprit (61%) par rapport à l'apparence physique (56%)[59]. En outre, pour 30% des personnes interrogées dans une autre étude, l'impression de confiance augmente l'attrait physique de leur interlocuteur[60]. La séduction englobe une palette bien plus large de qualités et de facettes qui attirent et unissent les personnes. Par conséquent, réduire la séduction au critère de beauté ou à l'humour limite la compréhension de ce phénomène complexe.

L'HUMOUR

Des adages et des proverbes populaires soulignent une corrélation entre la maîtrise du sens de l'humour et l'aptitude à séduire, en particulier les femmes. Cette association de pensées suggère que l'humour fonctionne comme un atout universel de séduction. Cependant, la réalité se révèle plus nuancée. En effet, l'attrait pour un type d'humour varie sensiblement selon les individus. Entre la simple blague, l'humour noir, l'ironie, l'autodérision, le sarcasme ou la satire... l'humour ne touche pas universellement tous les publics de la même manière. Au-delà de l'humour, un éventail plus large de qualités et de compétences peut exercer une attraction tout aussi puissante, voire plus. L'éloquence, le charisme, l'érudition dans divers domaines tels que la science, la littérature, ou l'histoire offrent des voies alternatives pour éveiller l'intérêt et l'admiration de son interlocuteur. La confiance en soi se démarque également comme un moyen de séduction, mais s'agit-il d'une vérité tangible ?

LA CONFIANCE

Aux yeux de certains, l'assurance constitue un élément déterminant dans le processus de la séduction. Par conséquent, des personnes cherchent à acquérir cette aptitude, parfois en luttant contre leur propre nature. Cette quête de confiance artificielle peut engendrer une attitude surfaite. Une fausse assurance entraîne certainement plus de méfiance que d'attirance. En effet, cette attitude peut vous pousser à modifier ou exagérer vos réactions pour mettre en scène votre confiance en vous. Par conséquent, votre interlocuteur peut sentir que votre comportement manque de naturel. Paradoxalement, quelqu'un de réservé mais authentique possède un meilleur potentiel de charmer car il partage des sentiments véritables. En outre, un excès de confiance peut porter préjudice à son auteur. En effet, le fait de se montrer imperméable à tous les éléments extérieurs avec une confiance infaillible peut projeter l'image d'un individu inflexible et hermétique, réfractaire à l'idée de se remettre en question. Une telle attitude, loin de susciter l'admiration et le respect, risque plutôt d'engendrer une perception de supériorité. En définitive, trouver l'équilibre entre assurance et modestie s'avère essentiel pour favoriser des échanges engageants et sincères. Il convient également d'adopter une nouvelle perspective vis-à-vis de ses imperfections.

CHANGER DE REGARD SUR SES IMPERFECTIONS

Pour parvenir à séduire une personne, vous pouvez penser qu'il faut gommer toutes vos imperfections qui ne rentrent pas dans le cadre de la « norme ». Un nez trop grand, des oreilles trop écartées, une taille trop petite ou grande, un corps trop mince, pas assez musclé. Si vous vous sentez mal dans votre corps, vous cherchez éventuellement à cacher ce qui vous dérange. Cette dissimulation finit souvent davantage par attirer l'attention sur ce que vous souhaitez minimiser. Vos défauts et vos failles appartiennent à votre personnalité. Pour laisser une chance à votre interlocuteur de vous connaître et de vous apprécier, laissez-le vous découvrir dans votre globalité. Par ailleurs, la personne que vous rencontrez possède aussi des failles et des imperfections, donc le fait de vous montrer de manière transparente peut l'inciter à se sentir en confiance pour partager ses zones de fragilités. Enfin, n'oubliez pas que vos « imperfections » peuvent s'avérer charmantes : votre hypersensibilité, le fait que vous rougissez facilement, votre maladresse, le fait que vous dépassiez tout le monde d'un écart de tête, la manière dont vous vous exprimez... Il importe donc de dépasser vos blocages pour ne pas donner l'impression que vous restez en retrait pour vous protéger. Vous devez accepter de vous confronter au regard de l'autre pour le laisser aimer toutes les facettes de votre être. Ce processus d'ouverture débute par votre aptitude à entamer et à entretenir un dialogue avec votre interlocuteur.

MENER LA CONVERSATION

La discussion qui se forme lors d'un premier rendez-vous constitue souvent le fil conducteur de la première rencontre. En effet, la communication s'avère déterminante pour vérifier si la connexion perçue lors des échanges virtuels se confirme dans un environnement réel. Au-delà des thèmes abordés, il ne faut pas négliger la nécessité de créer un espace de discussion pour vous exprimer de manière spontanée et proportionnée et qui permette de laisser émerger vos affinités communes. Pour maintenir un échange harmonieux, il faut également prendre en compte vos aspirations respectives et veiller à ne pas brusquer l'échange par l'évocation de sujets délicats. Au-delà des mots, les gestes et les attitudes apportent une autre dimension au moment passé ensemble.

Parler de soi

L'aptitude et l'aisance à communiquer avec les autres varient en fonction des traits de personnalité et de l'histoire personnelle de chacun. Tandis que certains s'expriment avec spontanéité et profusion, d'autres rencontrent plus de défis pour s'exprimer. Ces obstacles à la communication peuvent devenir des freins lors d'un premier *date*, étant donné que 45% des célibataires considèrent le manque de communication comme un signal rédhibitoire[61]. Par conséquent, le fait d'améliorer vos compétences en communication s'avère crucial pour réussir un premier tête-à-tête. Si votre rendez-vous prend la tournure d'un entretien d'embauche dans lequel vous détaillez vos expériences et mettez en avant vos points forts, vous risquez d'ennuyer la personne que vous rencontrez. Vous pouvez parler de votre travail à condition de mentionner des faits et des éléments qui apportent des éléments enrichissants à votre échange. Ne vous focalisez pas sur des explications trop techniques et inaccessibles aux néophytes, mais abordez plutôt votre expérience de manière concrète pour pouvoir tisser un échange mutuel. Vous pouvez également partager des informations relatives à votre façon de travailler en équipe, ce qui peut donner des précisions sur votre comportement social et aider votre interlocuteur à mieux cerner votre personnalité. Vous pouvez aussi mentionner vos anecdotes de voyages, parler de vos activités sportives ou artistiques, et de votre entourage amical et familial. Cela permet de parler de vos habitudes et de votre environnement. Pour vérifier que votre interlocuteur apprécie votre discussion, observez ses réactions : votre interlocuteur se concentre-t-il sur vos propos pour ne pas en « perdre une miette » ? Cherche-t-il à rebondir sur vos paroles ? Exprime-t-il des émotions en fonction de ce que vous partagez ? Le cas échéant, c'est positif. Par contre, si vous constatez que la discussion entraîne peu d'échanges, d'intérêt, de stimulation de sa part, essayez de changer de sujet et donnez-lui davantage la parole tout en l'écoutant de manière attentive.

S'intéresser à l'autre

Le poète romain Publilius Syrus énonçait que « nous nous intéressons aux autres quand ils s'intéressent à nous. » Cela signifie que pour créer un lien, il ne faut pas chercher à pousser l'autre à s'intéresser à vous mais se focaliser sur lui pour impulser son intérêt en retour vers vous. Vous pouvez visualiser ce mécanisme comme un cercle vertueux : plus vous vous intéressez à l'autre, plus cela va lui donner envie de s'intéresser à vous. La façon dont vous lui posez des questions détermine en partie le rythme et la qualité de votre discussion. La dynamique des questions-réponses en rythme de « ping-pong » peut devenir monotone, c'est-à-dire le fait de demander « et toi ? » à chaque fin de phrase. Pour contourner cet effet, Mark Manson, l'auteur du guide « L'art subtile de séduire » conseille la « lecture à froid » qui consiste à effectuer des suppositions[62]. Concrètement, au lieu de demander « que fais-tu comme travail » vous pouvez dire « J'ai vu que tu connais bien les cépages de vin au moment où tu as choisi ton verre, est-ce que tu travailles dans ce domaine ? » Cette méthode permet de montrer que vous vous intéressez sincèrement à lui ou à elle et que vous portez attention à tous les détails le ou la concernant. D'autre part, cette démarche permet d'éviter les blancs entre vos échanges et de favoriser l'alternance de vos prises de parole.

Trouver le bon équilibre

La réussite d'un rendez-vous dépend de la richesse et de la fluidité de l'échange, mais aussi de l'équilibre du temps de parole de chacun. L'harmonie peut s'avérer difficile à s'installer. Certaines personnes adorent parler. Si c'est votre cas, prenez-en conscience, n'accaparez pas la discussion et prenez soin de ne pas couper la parole de votre interlocuteur. Ces comportements pourraient lui donner l'impression qu'il doit s'effacer pour vous laisser parler, ou lutter pour pouvoir s'exprimer. Certaines personnes, aux intérêts pointus, aiment parler de leurs sujets favoris. Dans cette hypothèse, veillez à intégrer votre interlocuteur à la discussion et créer un échange sur le sujet. Si votre interlocuteur ne s'y intéresse pas, optez pour un autre sujet en vue de pouvoir partager vos connaissances et vos expériences sur des sujets qui vous rapprochent. Le fait d'équilibrer le temps de parole ne signifie pas qu'il faut endosser un rôle à votre premier rendez-vous en limitant votre parole de manière excessive. Si vous arrivez à vous retenir seulement à l'occasion d'un premier rendez-vous et que vous savez que vous n'y parviendrez pas aux prochains, restez naturel mais ne monopolisez pas la discussion pour autant. Une première rencontre nécessite un temps d'ajustement pour trouver le rythme qui vous correspond mutuellement. Par ailleurs, le déséquilibre des échanges peut aussi s'installer de manière évidente et logique en fonction du contexte, notamment lorsque l'un des interlocuteurs s'avère volubile et l'autre, réservé. Cette situation met en lumière une difficulté additionnelle : si le fait de monopoliser la parole peut entraver la fluidité des échanges, le fait de ne pas assez s'exprimer risque tout autant de compromettre l'issue de votre rencontre.

Ne pas s'effacer

Certaines personnes très empathiques choisissent de laisser la parole à leurs interlocuteurs car, de manière générale, les individus adorent parler, en particulier d'eux-mêmes. Néanmoins, cette attention peut vous porter préjudice et retourner la situation contre vous. Vous devez garder à l'esprit que ce rendez-vous constitue l'occasion de parler de vous pour donner la possibilité à votre interlocuteur d'apprendre à vous connaître et à évaluer son intérêt pour vous. Si vous ne partagez pas suffisamment vos goûts, vos qualités, vos accomplissements, vos aspirations, votre univers… il ne peut pas les deviner et peut même retenir une image différente de vous-même. En effet, à la fin de votre rendez-vous, il ou elle pourrait penser que vous manquez de personnalité et d'intérêt. Par conséquent, mettez de côté votre bienveillance et prenez la parole pour vous dévoiler et partagez ce qui vous anime dans votre vie. Si vous craignez de trop parler, il vous suffit de vérifier que le temps de parole s'équilibre naturellement et que vous ne prenez pas trop de place dans votre échange. Le fait de vous affirmer ne permet pas simplement de donner la possibilité à votre interlocuteur d'apprendre à vous connaître, cela permet aussi de mettre en lumière vos points de convergence.

Mettre en avant vos points communs

Des études scientifiques récentes soulignent le rôle crucial des affinités communes dans le mécanisme de l'attraction entre individus. Les recherches ont permis d'identifier que la convergence des convictions politiques et religieuses ainsi que la similarité du niveau scolaire définissent une partie des facteurs clés influençant la sélection d'un partenaire[63]. Pour créer une connexion avec votre interlocuteur, vous pouvez donc identifier et attirer son attention sur les similitudes de vos vies et de vos histoires personnelles. Cela peut concerner de nombreuses situations : une enfance à l'étranger, des études similaires, une vie culturelle ou associative analogue… La mise en avant de vos points communs peut se développer sous forme de « ping-pong » dans lequel vous énumérez tout ce qui vous rapproche. Cette démarche vous permet de vous rapprocher. Pour autant, restez subtile sans insister à l'excès sur vos points communs en les évoquant de manière spontanée quand la discussion le permet. Pour amplifier la connexion qui se dessine entre vous lors de votre première rencontre, vous pouvez inviter votre interlocuteur à s'intéresser à votre univers.

Intégrer l'autre à son univers

La création d'une connexion avec une autre personne peut prendre différentes voies. Le simple fait d'évoquer un événement que vous pourriez partager ensemble ultérieurement peut accélérer le processus de votre rapprochement si votre interlocuteur se sent bien en votre compagnie. Au contraire, si vous parlez des projets que vous souhaitez accomplir seul de votre côté, cela peut écarter subitement votre interlocuteur. Il faut donc l'inclure à votre vie et lui montrer que vous souhaitez lui accorder de la place et de l'importance. Veillez tout de même à l'intégrer en prenant en compte ses envies et ses goûts. Par exemple, au lieu de lui proposer de vous rendre ensemble à la patinoire parce que vous appréciez cette activité, veillez à vous assurer que cela lui convient également. Vous pouvez préciser que vous aimeriez partager les sensations de la glisse avec lui ou elle ou lui apprendre à patiner. Cette deuxième formulation change complètement le contexte. Dans le premier cas, vous envoyez le signal que vous vous souciez uniquement de vos envies et de votre bien-être. Dans le second cas, vous lui proposer de partager une activité que vous appréciez. Pour apprendre à mieux découvrir votre interlocuteur et plus particulièrement son mode de fonctionnement, vous pouvez observer son comportement et ses réactions.

S'informer sur les besoins de l'autre

La construction d'une connexion forte repose en partie sur la compréhension et l'acceptation réciproque des modes de fonctionnement de chacun.

« Aimer un être, c'est tout simplement reconnaître qu'il existe autant que vous. »

Simone Weil, philosophe

Au début et au cours d'une relation, pour évoluer en harmonie avec votre partenaire, vous pouvez anticiper certaines situations délicates. Par exemple, si vous avez découvert que votre partenaire ne tolère pas le bruit, le désordre, les lumières vives... vous pouvez lui épargner ces désagréments en adoptant des gestes pour l'en prémunir. De même, si vous connaissez ses réactions en cas de surmenage, de fatigue, de stress... vous pouvez lui faciliter la vie dans ces moments difficiles, comme le laisser s'isoler ou ajuster votre programme à son état. Comprendre le « mode d'emploi » de votre partenaire peut vous aider à vous montrer prévenant. Dès le premier tête-à-tête, vous pouvez déjà identifier qu'elle ou il est frileux, gêné par les endroits bruyants, fatigué par une grande stimulation ou un excès de concentration... Ne vous limitez pas aux observations visuelles, vous pouvez aussi l'interroger sur ses expériences de vie afin d'approfondir la compréhension de sa personnalité, en explorant son histoire personnelle, ses fragilités et ses appréhensions. Connaître ses particularités vous permettra de vous adapter et de prendre des décisions bienveillantes à son intention. Si par exemple, il ou elle précise son besoin de sommeil, alors évitez les prolongations si votre rendez-vous se déroule en soirée. Vous pouvez directement lui demander s'il ou elle souhaite rentrer si vous remarquez des signes de fatigue de sa part. Enfin, n'hésitez pas également à aborder les sujets sensibles de manière très délicate en vue de multiplier les possibilités de vous découvrir sous différents aspects sans le ou la bousculer.

Aborder les sujets sensibles avec tact

Il n'existe pas de sujets tabous dans un premier rendez-vous, mais il faut prendre la mesure du périmètre à ne pas dépasser selon le contexte et la personnalité de votre interlocuteur et la manière dont il réagit à vos propos ou à vos questions. Vous souhaitez certainement lui demander pourquoi et comment s'est terminée sa dernière relation, mais choisissez le moment approprié pour en parler car cette question peut s'avérer trop intrusive ou précipitée. Assurez-vous également de vous sentir à l'aise avec ce sujet puisque la question pourrait vous revenir en retour. D'autre part, si vous souhaitez absolument parler de vos relations amoureuses précédentes, prenez soin de ne pas vous victimiser ou d'attendre la compassion de l'autre. Gardez à l'esprit que ce sujet peut mettre mal à l'aise votre interlocuteur, d'autant plus si vous apportez des informations et des détails intimes de vos relations antérieures. Essayez de vous montrer concis et apaisé sur votre passé et concentrez-vous sur l'avenir. Il existe d'autres sujets qui peuvent paraître prématurés ou évidents à aborder selon les individus : l'engagement, le mariage, l'envie de fonder une famille… attendez le bon moment si vous sentez que la personne a besoin de temps pour en parler. Certains sujets de société peuvent également s'avérer délicats à aborder. Bien qu'ils vous permettent de découvrir les idées et les opinions de votre interlocuteur, ils peuvent également susciter des crispations entre vous. Si vous savez que votre interlocuteur partage des convictions politiques ou religieuses différentes des vôtres, évitez de le ou la provoquer pour vous épargner des confrontations sur ces points de divergence. Cela pourrait transformer votre échange en débat houleux. Veillez à moduler votre approche en fonction de la réaction de votre interlocuteur qui peut s'observer par son attitude.

Les effets du langage corporel

La communication ne se limite pas aux mots, il existe d'autres moyens de s'exprimer. Par exemple, le fait de croiser les bras peut signifier la volonté de se mettre en retrait ou de manifester une posture défensive. En effet, le langage verbal permet de souligner d'une façon consciente ou inconsciente ses émotions ou ses ressentis. Par conséquent, vos gestes, votre expression faciale, votre posture, le mouvement de vos mains, de vos lèvres, de votre corps… peuvent communiquer ce que vous ressentez. Ces indices peuvent aussi vous aider à comprendre ce qu'éprouve potentiellement votre interlocuteur.

« Regarde avec tes oreilles. »

William Shakespeare, dramaturge

Si vous appréciez votre tête-à-tête, veillez donc à éviter les gestes qui communiquent une impression négative, comme le fait de bailler, froncer les sourcils, grimacer, fuir le regard. Au contraire, laissez exprimer vos impressions positives, par exemple, un simple contact visuel constant envoie un signe de confiance ou d'écoute attentive. Le sourire communique autant ou plus que des mots, il permet de directement signifier : « tu me plais, je passe un agréable moment avec toi. » Cela permet de montrer, naturellement et sans efforts, votre intérêt. Par ailleurs, lors d'un échange, il se crée un lien entre des interlocuteurs au-delà du langage oral car ils communiquent souvent de manière inconsciente parfois en s'imitant l'un et l'autre. Il s'agit d'une synchronisation des signaux non verbaux. Cela concerne les intonations de voix, par exemple quand quelqu'un chuchote, l'autre baisse automatiquement le ton de sa voix. De même, les expressions et les gestes se communiquent en miroir : l'un se touche la joue, l'autre reproduit ce mouvement, l'un hausse le sourcil suite à une situation cocasse, l'autre réagit de manière similaire. Cette communication non verbale et inconsciente provient de la volonté de s'adapter à l'autre, de montrer son approbation, son intérêt dans l'intention de créer une proximité avec l'autre. Cela donne une impression d'harmonie et de connexion profonde. Par conséquent, n'oubliez pas que votre corps réagit tout autant que votre esprit lors d'un tête-à-tête. Par conséquent, tous vos ressentis peuvent se percevoir, alors, évitez de prétendre passer un bon moment alors vous n'appréciez pas votre interlocuteur ou le déroulement de votre rendez-vous. Tôt ou tard, vos impressions réelles transparaîtront. Inversement, si vous savourez chaque instant passé ensemble, cela se reflétera naturellement à travers une multitude de petits gestes. Cependant, certaines personnes, concernées ou non par un TSA, ne voient pas ou ne saisissent pas les signaux de communication non verbale. Cela peut entraîner des difficultés dans leurs interactions sociales, particulièrement lors des rendez-vous amoureux. Cette difficulté à décoder le langage corporel peut conduire à des malentendus.

Témoignage de Émilie, 37 ans :

« Je suis HPI et extravertie, ce qui semble être une différence de plus dans ma besace. Côté relation amoureuse, cette extraversion ne m'aide pas du tout, aussi bizarre que ça puisse paraître. Je cumule en effet ma grande sociabilité à une incapacité totale à comprendre les signaux amoureux, que ce soit en tant qu'émetteur ou récepteur. À cela s'ajoute un grand besoin de protection. Je suis très spontanée, très bavarde, très démonstrative dans mes relations amicales mais une huître en ce qui concerne le « love to love ». C'est l'enfer, ça rend fou. Je n'ai donc connu que peu de relations amoureuses, le plus souvent à force de longue période de travail au corps pour que je sorte enfin de ma coquille. À l'inverse, j'ai pu laisser croire à des personnes que j'étais intéressées par elle bien malgré moi juste par mon intérêt pour les gens et ma grande curiosité. J'ai beaucoup de difficultés avec les applications de rencontre pour l'ensemble de ces raisons. »

L'apprentissage et la compréhension des nuances du langage non verbal peut s'apprendre. Apprenez à observer les réactions de vos interlocuteurs, ainsi que leurs gestes, leurs postures et leurs expressions faciales pour vous entraîner à les interpréter correctement.

Les chercheurs américains ont publié une étude en 1995, révélant qu'un regard soutenu entre deux inconnus pendant quatre minutes peut instantanément créer un sentiment d'intimité entre eux[64]. Donc, ne sous-estimez pas l'importance du contact visuel ; il peut créer une connexion profonde avec votre interlocuteur. Cependant, vous devez mettre en pratique cette démarche avec précaution, car si vous observez fixement votre interlocuteur, cela peut créer du malaise ou de l'incompréhension de sa part. Vous pouvez simplement le ou la regarder avec profondeur quand il ou elle s'adresse à vous. Si vous sentez déjà une bonne connexion et de la complicité entre vous, pourquoi ne pas lui proposer de vous regarder dans les yeux pendant quatre minutes. Dans le cadre de la même étude, les chercheurs ont également tenté de démontrer que deux inconnus peuvent tomber amoureux simplement en se posant et en répondant à un questionnaire composé de 36 questions, telles que « Si vous aviez le choix de n'importe qui dans le monde, qui inviteriez-vous à dîner ? » Selon le Dr Aron, qui a mené cette étude, l'une des clés pour développer une relation réside dans « l'autorévélation personnelle, soutenue et réciproque ». En somme, en vous montrant vulnérable, vous favorisez la proximité avec votre interlocuteur. De même, le fait de lui porter de l'attention répond directement au besoin fondamental et universel de reconnaissance que chaque individu porte en lui.

DONNEZ-LUI DES AILES

Un rendez-vous qui se déroule bien peut prendre différentes nuances : un moment agréable, une complicité naissante, une alchimie évidente. Pour créer une connexion forte avec votre interlocuteur, vous devez lui porter une attention particulière et unique. Le fait de ressentir vos intentions peut redoubler le plaisir qu'il éprouve de partager ce moment avec vous. Concrètement, vous pouvez lui adresser des éloges et aussi manifester votre curiosité pour découvrir et comprendre les facettes de son univers.

L'importance des compliments

Le besoin de se sentir important et apprécié appartient aux besoins les plus fondamentaux des humains. Le fait d'apporter de la reconnaissance à votre interlocuteur constitue donc un ressort puissant que vous pouvez actionner pour lui montrer votre intérêt, en le ou la valorisant ou en lui manifestant des compliments sincères et honnêtes. Il faut savoir contourner la flatterie car il s'agit d'une mise en scène exagérée.

« S'il suffisait de flatter, la chose serait facile, et nous deviendrons tous de merveilleux diplomates. Au lieu de nous concentrer sur nous-mêmes, efforçons-nous de voir les qualités de notre interlocuteur. Nous pourrons alors lui exprimer notre admiration sincère sans avoir recours à des

compliments forcés qui sonneront faux. »

Dale Carnegie, extrait de « Comment se faire des amis » [65]

Par ailleurs, le fait d'adresser des compliments à votre interlocuteur peut augmenter sa confiance et son sentiment de bien-être. Ces deux aspects peuvent encourager une dynamique de séduction où il ou elle se sentira à la fois confiant et épanoui et désireux de chercher à vous séduire. De même, manifester un intérêt sincère pour son univers peut faciliter un rapprochement entre vous.

Montrer son intérêt pour son univers

« Pour être intéressant, soyez intéressé ». En effet, la grande majorité des individus apprécient particulièrement parler d'eux, de leurs expériences, ou des événements importants de leur vie. Au lieu de diriger la conversation vers vos centres d'intérêt, orientez-la vers ce qui passionne votre interlocuteur. Lorsque vous lui donnez la parole, vous le valorisez et lui offrez la chance de s'exprimer sur des sujets qu'ils aiment aborder. S'il ou elle mentionne brièvement son intérêt pour la photographie, saisissez cette information pour l'inviter à en parler davantage : quel type de photographie l'attire, questionnez-le ou la sur ses inspirations et ses projets. Le fait de vous intéresser véritablement de manière sincère à son univers lui donnera envie, en principe, de s'intéresser au vôtre en retour. L'empathie forge des relations équilibrées et harmonieuses, poussant chaque personne à se montrer attentive et prévenante envers l'autre. Cette attention et ce respect transparaissent également dans votre aptitude à communiquer clairement vos intentions dès le début de la relation.

COMMUNIQUER AVEC TRANSPARENCE

Lors d'un premier rendez-vous, la clarté des intentions demeure primordiale pour établir un lien de confiance. Il s'agit non seulement d'exprimer le type de relation que vous souhaitez entreprendre mais aussi votre attirance de manière adaptée.

Clarifier ses intentions

Idéalement, il vaut mieux exprimer le type de relation que vous recherchez avant d'anticiper le projet de vous rencontrer pour éviter les déconvenues et prévenir tout malentendu. L'alignement des deux envies sur ce sujet constitue un point central pour poursuivre ou non une relation. Si l'occasion ne se présente pas plus tôt, abordez donc le sujet lors de votre tête-à-tête avec transparence, sans ambiguïtés ni zones d'ombre. Laisser le mystère planer sur vos intentions ne permet pas d'augmenter vos chances en jouant la carte de l'inaccessibilité. Cela ne provoque pas non plus l'envie de prévoir un second rendez-vous pour percer ce mystère. Le premier rendez-vous présente l'occasion idéale pour clarifier vos attentes et aussi pour partager vos ressentis.

Communiquer son attirance

Le fait de confier ses sentiments constitue une démarche qui peut rendre vulnérable en s'exposant à un éventuel rejet. Cependant, ce tournant décisif peut transformer une simple rencontre en une véritable histoire. Pour exprimer votre attirance, vous pouvez choisir la délicatesse ou opter pour une approche plus explicite.

MÉTHODE SUBTILE

Le fait d'exprimer votre enthousiasme et votre curiosité à l'égard de votre interlocuteur marque déjà une première étape dans la démonstration de votre intérêt. Vous pouvez aussi le ou la valoriser avec des compliments. La façon dont vous mettez en lumière ses qualités peut clairement indiquer votre attirance. Le fait de souligner vos points communs souligne également votre volonté de rapprochement et met en avant votre compatibilité. Pour ceux qui éprouvent des difficultés à exprimer leur attirance verbalement, du fait de leur timidité, de la peur du rejet ou d'une grande sensibilité... Les gestes peuvent servir d'alternative à la parole. Un effleurement du bras lors d'un moment complice, ou d'autres formes d'interactions plus décalées, comme un bras de fer, des *checks* ou des *high fives* peuvent tisser une complicité sans mots. Cependant, attention car certaines personnes n'apprécient pas les contacts tactiles. Prenez-soin de respecter ses limites et ses particularités. Dans le cas où la subtilité ne parviendrait pas à transmettre clairement votre intérêt, n'hésitez pas à exprimer votre intérêt de manière plus directe.

MÉTHODE DIRECTE

Lorsque vous ressentez une connexion évidente, pourquoi attendre ? Vous pouvez d'ores et déjà exprimer votre attirance. Bien sûr, une telle approche requiert une bonne confiance en vous et une capacité à réagir habilement en cas de réaction négative. En outre, il existe d'autres façons de transmettre le message. Vous pouvez exprimer votre intention de quitter l'application et signifier que vous souhaitez uniquement vous concentrer sur votre relation naissante. Vous pouvez également suggérer de vous revoir prochainement. Plutôt que de dire simplement « On devrait se revoir », proposez quelque chose de plus concret. Par exemple, si vous avez parlé de films que vous aimez tous les deux, vous pourriez suggérer d'aller le voir ensemble. Vous pouvez également lui suggérer la découverte d'un nouveau lieu, programmer une activité qu'il ou elle apprécie, ou rebondir sur une exposition dont vous avez parlée. Tout en proposant quelque chose de spécifique, assurez-vous également de vous montrer ouvert à ses suggestions. Pour bien clarifier la suite, vous pouvez déjà préciser que vous reprendrez contact avec lui ou elle à un moment défini dans la semaine. Cette précision permet d'affirmer à nouveau votre envie de vous revoir. Cette attitude permet de baliser les premières étapes de votre relation à condition d'éviter les faux-pas.

LES COMPORTEMENTS À ÉVITER

Certaines conduites peuvent s'avérer rédhibitoires et précipitent la fin d'une relation naissante.

Arriver en retard : Arriver en retard sans excuse valable peut donner l'impression d'un désintérêt ou d'un manque de respect.

Boire à l'excès : La consommation excessive d'alcool peut nuire à votre jugement et à votre comportement. Buvez avec modération pour rester lucide et respectueux.

Consulter son téléphone : Vérifier constamment votre téléphone donne le sentiment que votre tête-à-tête ne vous intéresse pas. Il vaut mieux garder votre téléphone en mode silencieux ou dans votre poche et vous concentrer sur la personne en face de vous.

Comportement intrusif : Évitez d'insister si votre interlocuteur se sent mal à l'aise lorsque vous abordez des sujets trop personnels ou intimes ou si vous tentez des rapprochements physiques. Ne forcez ni ses réponses ni vos avances.

Aborder le passé : Évitez de parler excessivement de vos anciennes relations ou de les critiquer. Cela peut créer l'impression d'une réticence à oublier votre passé et un sentiment de rancune.

Assister à une séance de psy : Évitez de parler de vos échecs et de vos traumas pour vous décharger de vos problèmes. Adressez-vous plutôt à un ou une psychologue. Par ailleurs, 75 % des jeunes célibataires affirment qu'ils trouvent un partenaire plus attirant s'il travaille sur son bien-être mental[66].

Attitude plaintive : Évitez de vous plaindre de manière permanente ou excessive, que ce soit de votre travail, de la météo ou d'autres aspects de votre vie. Gardez une attitude positive.

Comportement irrespectueux : Soyez poli et respectueux envers toutes les personnes avec qui vous avez des interactions pendant le rendez-vous. Veillez aussi à respecter les limites fixées par votre interlocuteur.

NE PAS BOUSCULER L'AUTRE

Le fait de s'inscrire sur une application de rencontres implique de forcer un peu le destin. Dans cette continuité, vous pourriez penser que vous pouvez continuer de le forcer pour atteindre votre objectif. Le passage du virtuel au réel peut déclencher des inquiétudes voire de l'anxiété auprès de certaines personnes. Par conséquent, elles peuvent éprouver des difficultés à se sentir à l'aise. Ce comportement peut entraîner des blocages et impacter votre rendez-vous qui peut se transformer en situation gênante. Pour contourner cette problématique, il existe des solutions, comme le fait de verbaliser les points de blocages pour essayer de les dépasser ensemble. Vous pouvez également chercher des moyens de l'aider à se sentir plus à l'aise, comme le fait de changer d'endroit, de sujets de conversations ou prendre l'air. Parfois, certaines personnes attendent les initiatives de l'autre, et dans ce cas, vous pouvez entreprendre des propositions dans ce sens. Cependant, veillez à systématiquement vérifier que vos suggestions lui conviennent. En effet, dans toutes les hypothèses où la personne exprime son refus, vous devez le respecter et vous montrer compréhensif. Veillez à toujours analyser la situation avant de penser que vous devez pousser l'autre à dépasser ses blocages. S'agit-il d'un manque de confiance, d'une timidité excessive, de pudeur ou d'un temps d'adaptation ? Ces situations n'appellent pas le même comportement. Vous pouvez effectivement chercher à mettre à l'aise une personne timide ou apporter un cadre rassurant à une personne méfiante. Cependant, une personne pudique ou qui cherche à trouver ses repères ne doit pas se sentir bousculée parce que cela pourrait la braquer davantage. Une relation se construit ensemble dès le premier rendez-vous, donc il faut laisser le temps à l'autre de ressentir et exprimer ses envies et ses besoins à son rythme. Bousculer l'autre alors qu'il ou elle n'a pas exprimé son accord constitue une forme d'insistance et de pression qui peut mener à des abus. Pour éviter ce genre de situations, il faut respecter le consentement ou l'absence de consentement de l'autre. Cela concerne l'ensemble du déroulement du rendez-vous : le choix d'une boisson alcoolisée ou non, les gestes et le contact physique, les sujets de discussion... En insistant, vous obtiendrez surtout des reproches ou vous risquez de créer une situation d'abus. Il faut toujours veiller à adopter le bon comportement, notamment en comprenant les conséquences de sa façon de communiquer sur les autres.

SE MONTRER TROP DIRECTE

Certaines personnes s'expriment de manière franche et sans filtre. Elles communiquent donc naturellement leurs pensées et leurs émotions spontanément avec les autres. Au cours d'un tête-à-tête, cette franchise peut concerner votre attirance ou votre manque d'intérêt pour votre interlocuteur, par exemple : « je ne ressens pas d'attirance parce que tu n'es pas mon genre physiquement » ; « j'ai passé un bon moment, mais je n'ai pas ressenti de déclic et je préfère que l'on reste amis » ; « Je pense que tu es la femme de ma vie ». La franchise peut déstabiliser votre interlocuteur. Si vous vous exprimez de manière directe et sans vous imposer de filtres, veillez à réfléchir aux répercussions de vos paroles. La communication exige un minimum d'empathie et de discernement pour identifier les pensées qu'il faut garder pour soi et celles que vous pouvez partager. Par exemple, le fait d'informer une personne qu'elle ne vous attire pas ou souligner un défaut physique peut la blesser. Par ailleurs, le fait de communiquer vos sentiments très rapidement peut s'avérer prématuré et inadapté en fonction du contexte. Vous pouvez évidemment verbaliser ce que vous ressentez, mais prenez soin de vous exprimer avec délicatesse et de prendre en compte les émotions et les sentiments de votre interlocuteur. Cette attention permet d'atténuer les situations potentiellement gênantes et de poursuivre le rendez-vous de manière agréable.

Chapitre 12.
Gérer les situations gênantes

Chaque premier rendez-vous procure un mélange complexe d'émotions et de sentiments contrastés. Lors de cette nouvelle expérience, il arrive très fréquemment que des événements imprévus surviennent. Face à un moment embarrassant, une montée d'angoisse soudaine, des échanges qui tournent mal, ou encore l'absence d'alchimie, comment réagir ? Votre capacité à gérer ces situations inconfortables représente un atout inestimable pour ne pas immortaliser votre rendez-vous dans l'histoire des pires premiers *dates*.

MOMENTS DE FLOTTEMENTS

Chaque premier rendez-vous implique de relever des petits défis. L'exercice devient encore plus éprouvant si des incidents viennent perturber le déroulement de la rencontre. Le fait de ne pas arriver à l'heure peut donner une mauvaise impression avant même de se découvrir de visu. La difficulté de saisir le bon moyen pour se saluer peut aussi créer des situations confuses. Quant au contact physique, il faut se rappeler que chaque individu ne partage pas les mêmes envies de rapprochement.

En cas de retard

Il existe divers comportements et réactions face au retard : ceux qui ne le tolèrent pas, ceux qui comprennent, ceux qui n'arrivent jamais à l'heure, ceux qui arrivent pile à l'heure et ceux qui arrivent toujours en avance. Un retard à un rendez-vous peut créer des situations complètement différentes selon les personnalités : compréhension, crispation, reproche, culpabilisation... Cela peut même provoquer des étincelles si les personnes en face-à-face partagent une vision totalement opposée : d'un côté, l'agacement de celui très ponctuel, de l'autre, l'indifférence de celui systématiquement en retard. Si vous craignez d'arriver en retard, envoyez un message. Si vous attendez sans nouvelles, envoyez un message, et fixez-vous un délai d'attente maximum et quittez les lieux, par exemple, 15 à 30 minutes, selon le contexte, après l'heure prévue. En outre, au moment où vous vous retrouvez ensemble, il faut trouver le bon équilibre pour, d'un côté, ne pas culpabiliser l'autre, et de l'autre côté, ne pas négliger l'explication du contexte. L'importance de présenter des excuses et d'expliquer les raisons de votre retard permet de donner une seconde chance à votre rencontre et de ne pas laisser une mauvaise image qui pourrait mettre en évidence, involontairement, un manque de respect ou de la désinvolture. L'art délicat de maîtriser la première impression concerne également la manière de se saluer.

L'hésitation du premier contact

La question se pose à chaque nouvelle rencontre avec un ou une inconnue : comment se saluer ? Faut-il se serrer la main, se faire la bise, si oui, combien ? Ces différentes possibilités n'entraînent pas la même impression en termes d'intimité et de distance. Se serrer la main peut paraître trop formel, mais la bise ou l'étreinte peut paraître trop familier et même transmettre des virus. Comme il n'existe pas de solution idéale, il faut choisir ce qui vous rend le plus à l'aise et le proposer directement pour éviter que la confusion ne s'éternise. Par ailleurs, vous pouvez interroger votre interlocuteur sur ses préférences. Vous pourrez ainsi choisir l'option la plus appropriée. Si vous n'appréciez pas les contacts physiques, posez immédiatement des limites pour que l'autre intègre vos habitudes.

Le contact physique

Des personnes ne supportent pas les contacts physiques, il peut s'agir de simples frôlements ou de gestes plus affirmés. Un effleurement sur la peau peut vous sembler anodin, mais la sensation peut s'avérer très désagréable pour les personnes hyperesthésiques qui ressentent les stimuli de manière décuplée. Dans ce contexte, certaines personnes peuvent réagir de manière incompréhensible pour les autres. Un contact physique peut déclencher de l'agacement, la nécessité de reculer ou de mettre de la distance. Si vous ne supportez pas que l'on vous touche, il vaut mieux le préciser plutôt que de vous braquer ou de vous éloigner sans explication et de laisser votre interlocuteur dans l'incompréhension de la situation. L'absence de communication risque d'entraîner des déductions hâtives, engendrant ainsi un climat d'incompréhensions et de doutes, surtout lorsque le stress accentue chaque malentendu.

QUAND L'ANGOISSE SE MANIFESTE

Le stress s'avère constitutif de l'émotion précédant un rendez-vous puisque plus de sept personnes sur 10 avouent se sentir dans cet état à cet instant[67]. Certaines personnes s'imposent une pression intense pour réussir leur premier rendez-vous et cela peut engendrer une montée d'angoisse qui accentue la sensation de perdre le contrôle.

Calmer son anxiété

Dans la majorité des cas, se rendre à un premier rendez-vous déclenche du stress et de l'appréhension. Cependant, pour certaines personnes, il s'agit plus d'une sensation proche d'un saut dans le vide. Ils ressentent des palpitations, la gorge serrée, des maux de ventre... Cela leur demande un énorme effort pour dépasser leurs blocages et leurs peurs. Ils craignent encore plus les effets visibles de l'iceberg de leur angoisse face à leur interlocuteur : tremblements, sueurs excessives, rires nerveux, voix chevrotante... Si cela vous arrive au moment de votre tête-à-tête, le fait de verbaliser vos ressentis permet déjà de reprendre, en partie, le contrôle de la situation. Vous pouvez également vous échapper quelques instants pour vous ressaisir et prendre de la hauteur sur ce que vous vivez. Au contraire, si cela concerne la personne en face de vous, évitez de l'observer de manière étrange ou de souligner ce qui rend la situation gênante. Pour l'aider, vous pouvez préciser que vous ressentez également du stress ou verbaliser la situation à sa place pour chercher à le ou la rassurer. Le mécanisme « d'empathie miroir » peut permettre à votre interlocuteur d'exprimer ses émotions et de dédramatiser la situation avec vous, surtout face à la montée d'une crise d'anxiété.

Gérer une crise d'angoisse

Certaines personnes sujettes aux crises d'angoisse peuvent appréhender d'assister à un rendez-vous car le stress de la rencontre peut favoriser l'apparition d'une crise d'anxiété ou une attaque de panique. Cela se matérialise par une montée soudaine et intense de peur ou d'inconfort, en l'espace de quelques minutes. Les manifestations les plus courantes concernent les palpitations cardiaques, les secousses musculaires, la sensation d'étouffement, l'oppression thoracique, les vertiges, la nausée, les frissons et les bouffées de chaleur. Si une crise d'angoisse survient en plein rendez-vous, il existe de nombreuses solutions. La plus radicale consiste à partir. En effet, si vous sentez que n'arriverez pas à surmonter la situation, acceptez vos limites et expliquez simplement votre besoin de vous retrouver seul. Vous pourrez, si vous le souhaitez, reprogrammer le rendez-vous ultérieurement si votre interlocuteur partage la même envie. Si vous préférez rester parce que vous pensez pouvoir reprendre le contrôle sur cet épisode anxieux, expliquez la situation à votre interlocuteur. À ce moment-là, vous pouvez sortir prendre l'air, respirer et vous détendre. Vous pouvez aussi rester en face-à-face et vous concentrer sur les paroles de votre interlocuteur pour décentrer votre mental de vos ressentis physiques. Le fait d'imaginer le pire peut aussi vous permettre de relativiser. Par exemple, imaginez l'intervention des pompiers parce que vous hyper-ventilez devant un public médusé. Enfin, n'hésitez pas à exprimer vos ressentis auprès de votre interlocuteur. La communication permet de désamorcer de nombreuses situations difficiles surtout si votre interlocuteur se montre compréhensif et bienveillant. Votre capacité à établir un dialogue basé sur l'empathie s'avère particulièrement crucial pour dépasser les petits couacs qui peuvent arriver à tout moment.

QUAND PARLER DEVIENT COMPLIQUÉ

La réussite d'un premier rendez-vous repose souvent sur la fluidité des échanges. Cependant, la conversation, censée constituer le pont entre vos deux univers, ne s'avère pas toujours évidente. Un silence qui s'étire peut créer une atmosphère pesante, un cafouillage peut trahir la nervosité et l'inconfort. Enfin, un accroc dans la discussion constitue une épreuve qui peut transformer le rendez-vous en fardeau.

En cas de silence embarrassant

La conversation d'un premier tête-à-tête ne s'enclenche pas toujours naturellement et cela peut entraîner des silences pesants. Ces situations ne concernent pas uniquement les introvertis, les timides, ou les réservés, n'importe qui peut se retrouver dans cette position inconfortable, cherchant désespérément quelque chose à dire pour briser le silence. Cela peut se manifester en cas d'attirance intense, de pression pour réussir le rendez-vous... Dans ces circonstances, si vous vous sentez mal à l'aise, expliquez clairement vos ressentis au lieu de laisser votre interlocuteur élaborer des suppositions. Il peut penser que vous n'appréciez pas sa compagnie, que vous manquez d'intérêt pour lui ou elle... Donc veillez à donner des éléments de compréhension de votre état de nervosité ou d'appréhension. Cela permet de dédramatiser la situation. Si vous vous en sentez capable, vous pouvez même utiliser la dérision ou l'ironie pour détendre l'atmosphère. À l'opposé, dans le cas où votre interlocuteur se mure dans le silence ou semble très mal à l'aise, vous pouvez essayer de le mettre en confiance. Vous pouvez préciser que les blancs ne vous perturbent pas et qu'ils constituent des moments normaux dans un échange. Par ailleurs, sans le ou la brusquer, posez-lui une question pour lui permettre de prendre la parole. Si vous manquez d'inspiration, vous pouvez simplement lui demander « Qu'est-ce que tu aimes faire dans la vie ? ». Si la personne ne parvient toujours pas à décrocher facilement un mot, vous pouvez lui proposer d'écourter votre rendez-vous et éventuellement de le reprogrammer si vous en ressentez l'envie respective. D'autres situations mènent à des malaises comme lorsque les mots s'emmêlent.

En cas de cafouillage

La communication ne coule pas toujours de source dans un premier rendez-vous. Confondre un prénom, mélanger des détails d'un autre profil, bafouiller, trébucher sur ses mots, bégayer... chacun de ces moments peut devenir source de gêne. Si cela vous arrive, ne vous embourbez pas à forcer les mots ou à vous justifier. Prenez une pause et soufflez un coup pour vous oxygéner. Inutile de vous mortifier de honte ou d'embarras. La connexion complexe entre le cerveau et la parole peut occasionner des dysfonctionnements dans les échanges. Cela dit, pour éviter le risque de confusion et les trous de mémoire, prenez le temps de relire le profil de votre prétendant ainsi que vos échanges écrits avant le rendez-vous. Cette précaution vous permettra également d'éviter d'éventuelles zones sensibles lors de votre échange.

En cas de tumulte

Lors d'un premier rendez-vous, l'exploration des sujets de discussion peut parfois révéler des divergences profondes de convictions ou d'opinions. L'échange peut alors se transformer en débat animé ou en confrontation d'idées déclenchant une ambiance électrique et tendue. Imaginez-vous assis dans un café confortable avec une lumière tamisée dans une ambiance idéale pour un premier rendez-vous. Au début, la conversation s'instaure naturellement, vous abordez des sujets légers comme vos films préférés, vos souvenirs de voyages ou vos restaurants de prédilection. Cependant, à mesure que vous vous aventurez sur des terrains plus personnels, comme la politique ou l'environnement, l'atmosphère commence à changer, et soudain, vous vous retrouvez au cœur d'une discussion animée sur le changement climatique. Les voix se haussent, les arguments deviennent tranchants, et l'air entre vous se charge en tension électrique. Quand les différences semblent insurmontables, il peut s'avérer sage d'admettre que la conversation a atteint un point de non-retour. Le fait de conclure le rendez-vous de manière respectueuse et mature reflète votre capacité à discerner correctement les situations inextricables. D'autre part, si la discussion déclenche des émotions fortes et incontrôlables, vous pouvez également suggérer d'écourter votre rendez-vous. Ces instants déconcertants peuvent mettre en lumière un manque d'harmonie flagrant entre vous.

LE MANQUE D'ALCHIMIE

Lors d'une première rencontre, il existe souvent une grande part de mystère. Vous vous demandez potentiellement ce que votre interlocuteur pense de vous ou bien vous vous demandez certainement s'il vous plaît. L'attirance réciproque parvient à unir deux personnes dès la première rencontre. Elle résulte d'une combinaison complexe d'attirance, de compréhension mutuelle et de points communs. Cependant, cette étincelle peut manquer d'un côté comme de l'autre.

Manque d'alchimie de votre côté

Dès les premières minutes, une certitude vous envahit : cette personne ne suscite en vous aucune attirance. Cette situation peut vous entraîner dans une position inconfortable tiraillé entre deux sentiments, d'un côté, la politesse et l'empathie qui vous encouragent à rester et d'un autre côté, la transparence et l'authenticité qui vous incitent à mettre fin au rendez-vous de manière anticipée. Les faux-semblants peuvent déranger les personnes qui n'aiment pas mentir. Dans ce cas, si vous choisissez de partir de manière prématurée, veillez à exprimer votre décision avec tact. Si vous préférez rester, rappelez-vous de ne pas imposer une ambiance pesante. En effet, votre interlocuteur ne vous force pas à rester étant donné qu'il ne connaît pas vos ressentis. Par ailleurs, une absence d'affinité ne vous prive pas d'échanges enrichissants. Dans cette optique, orientez la rencontre davantage sur le plan amical pour transmettre subtilement le message. À l'opposé, vous pouvez vous-même discerner des indices amicaux suggérant que l'autre ne partage pas la même attirance que vous.

Manque d'alchimie de son côté

En analysant le comportement de votre interlocuteur, vous saisissez qu'il ou elle ne ressent pas d'attirance pour vous. Certains indices permettent en effet de le constater : un regard fuyant, un manque de rapprochement, voire une distance palpable, un manque de curiosité vous concernant. Ces signaux indiquent que ce tête-à-tête ne mènera probablement pas à une relation. De plus, si votre discussion met en évidence vos différences de convictions en matière de religion, de politique, de mode de vie... attendez-vous à ce que votre interlocuteur n'envisage pas de donner suite à votre rencontre. Par ailleurs, les préférences physiques constituent aussi une partie déterminante et absolument non maîtrisable qu'il faut prendre en compte et accepter. La sensation de rejet peut évidemment blesser votre ego, mais elle incarne l'un des aléas des premières rencontres. Devant de tels signes, ne forcez pas la situation en cherchant à redoubler d'efforts pour séduire l'autre. Si l'ambiance reste plaisante, le rendez-vous peut naturellement évoluer dans une dimension amicale. Par contre, si une gêne s'installe ou que vous ne souhaitez pas poursuivre cette rencontre, vous pouvez prendre l'initiative de conclure la rencontre plus tôt que prévu.

LES DIFFICULTÉS RELATIVES À LA FIN DU RENDEZ-VOUS

Le moment de conclure un rendez-vous peut parfois s'avérer aussi délicat que son commencement. Comment gérer le besoin de s'éclipser ? Quel comportement adopter si le rendez-vous ne vous convient pas ? Comment gérer la question du règlement de l'addition ? Enfin, comment signifier à l'autre que la rencontre n'entraînera pas de suite, sans pour autant le ou la froisser ?

Rester malgré l'envie de partir

Au cours de votre tête-à-tête, la fatigue vous gagne, résultat d'une longue journée ou d'une attention intense pour échanger avec votre interlocuteur. Pourtant, de son côté, il ou elle manifeste l'envie de poursuivre la discussion. La crainte d'un faux pas en signalant votre souhait de partir ou l'appréhension de froisser l'autre vous retient. Silencieusement, vous espérez qu'il ou elle prenne l'initiative de conclure le rendez-vous. Comme d'autres personnes empathiques, vous pouvez éprouver des difficultés à assumer vos besoins et vous privilégiez ceux des autres. Dans cette situation, il existe des solutions. Par exemple, dès le début du rendez-vous, signalez une contrainte ou un horaire limite. Vous pouvez aussi souligner votre tendance à ressentir de la fatigue ou une baisse de concentration après un certain temps. Cette précision facilite et légitime votre besoin de vous retirer au moment voulu. Sans annonce préalable, vous pouvez aussi quitter les lieux sans attendre la décision de votre interlocuteur, par exemple, vous pouvez lui demander l'heure ou vous rendre aux toilettes. Cette coupure dans la conversation crée une opportunité naturelle pour signaler votre intention de partir. D'autre part, si votre interlocuteur constate que le temps s'est écoulé vite, cela peut aussi vous aider à impulser le mouvement du départ. Il devient d'autant plus essentiel d'envisager la fin du rendez-vous lorsqu'il ne vous satisfait pas.

Terminer un rendez-vous qui ne convient pas

Il arrive que votre rendez-vous ne se déroule pas comme prévu et vous souhaitez donc éviter des prolongations inutiles. Optez pour une approche directe ou une démarche plus nuancée pour vous exfiltrer de cette situation.

SOLUTION RADICALE

La personne que vous rencontrez ne ressemble pas aux photos de son profil. Ou bien, vous n'appréciez pas son comportement ou ses idées et vous ne voyez pas l'intérêt de poursuivre votre échange. Vous pouvez exprimer simplement votre souhait de mettre fin au rendez-vous. Libre à vous de préciser les raisons qui vous donnent envie de partir prématurément en donnant plus ou moins de détails selon votre envie de transparence. Si cela vous semble trop direct, vous pouvez exprimer vos ressentis de manière plus subtile.

SOLUTION DOUCE

Assister à un rendez-vous sans ressentir d'attirance pour la personne qui vous plaisait virtuellement peut provoquer de la contrariété et de la frustration. Ce malaise peut se traduire par des signaux physiques. Prenez-en conscience afin de verbaliser votre inconfort auprès de votre interlocuteur. Il peut s'agir d'une gêne physique, d'un état nauséeux, d'une sensation de fatigue… Vous pouvez donc utiliser ces sensations désagréables pour justifier votre besoin de partir. Si vous ne parvenez pas à identifier la manifestation physique de votre état d'âme, vous pouvez simplement préciser que vous ne vous sentez pas dans une bonne énergie pour rester. Cette démarche permet de vous évincer de manière délicate même s'il reste néanmoins la question du règlement de l'addition.

Confusion sur le paiement de l'addition

L'addition en fin de rendez-vous génère souvent de nombreuses interrogations. Faut-il inviter l'autre, diviser équitablement ou régler chacun sa consommation ? Dans un contexte de progression vers l'égalité des genres, l'homme doit-il toujours assumer le paiement lors d'un rendez-vous hétérosexuel ? Est-ce la personne plus âgée ou plus à l'aise financièrement qui doit régler l'addition ? Aucune réponse universelle n'existe donc il faut composer avec le contexte et les envies de chacun. Prenez une décision rapidement pour éviter de lister toutes les possibilités et les conséquences adjacentes. Une enquête révèle les préférences actuelles des célibataires hétérosexuels : dans 53% des cas, l'homme règle l'addition, mais 49% des femmes considèrent qu'elles peuvent tout aussi bien régler. La tendance actuelle s'incline vers l'évolution d'un partage équitable du règlement de l'addition[68]. Une fois ce sujet abordé, une autre complexité peut émerger. Le moment des adieux peut potentiellement déclencher une conversation sur les perspectives futures, comment réagir si vous ne souhaitez pas revoir votre interlocuteur à un prochain rendez-vous ?

L'absence d'étincelle amoureuse

Si la personne que vous rencontrez ne vous attire pas, vous devrez inévitablement finir par lui dire. Vous pouvez donc profiter de la fin de votre tête-à-tête pour clarifier vos ressentis à ce sujet. Dans cette situation, il n'existe pas de formule magique, alors n'utilisez pas de discours préconçus : « tu es quelqu'un de bien, mais le problème vient de moi. », ou « je me rends compte que je n'arrive pas à oublier mon ex. » ou « je réalise que je ne suis pas disponible pour rencontrer quelqu'un pour le moment. » Par contre, vous pouvez exprimer certains points de blocage comme le fait de sentir un décalage entre vos envies, votre mode de vie ou de fonctionnement ou vos doutes concernant votre compatibilité. Dans le cas où vous avez passé un bon moment et que vous appréciez sa compagnie, sans pour autant ressentir de déclic, exprimez-vous avec sincérité et délicatesse en soulignant ce que vous appréciez chez l'autre. Bien que de nombreux rendez-vous s'achèvent sans étincelle, certaines rencontres entraînent le désir mutuel de poursuivre l'aventure ensemble.

Chapitre 13.
Aborder la fin et la suite d'un rendez-vous

Certains célibataires planifient la fin de leur rendez-vous à l'avance, alors que d'autres se laissent porter par l'improvisation jusqu'au dernier moment. Indépendamment de l'approche choisie, ces personnes se retrouvent confrontées à des interrogations et des enjeux semblables. Certains repartent seuls, tandis que d'autres décident de prolonger le moment ensemble. Dans ces deux cas, adopter la bonne attitude pour reprendre contact par la suite peut présenter de nouveaux défis. Chaque étape du processus de dating éveille une étendue d'émotions, en particulier pour tenter de comprendre pourquoi, malgré tous les efforts investis, la quête de la personne idéale se poursuit inlassablement.

CHACUN RENTRE DE SON CÔTÉ

Après un premier rendez-vous, la séparation constitue un moment délicat. Comment esquiver les situations maladroites, évoquer éventuellement une prochaine rencontre ou encore saisir le bon geste pour se saluer ?

Perception juste, malentendus évités

Une mauvaise analyse de la situation peut vous conduire à adopter le mauvais comportement ou le mauvais choix. En effet, le fait de passer un bon moment et de ressentir de l'attirance pour votre potentiel partenaire peut vous égarer de la réalité. Vous pourriez interpréter indûment la réciprocité de vos émotions, cependant, les illusions d'un mirage peuvent parfois déformer la vérité. Une connexion profonde, une conversion intéressante, des rires et des sourires partagés ne suffisent pas à interpréter catégoriquement l'émergence de sentiments du côté de votre interlocuteur. La réalité peut s'avérer plus complexe. Vous pouvez passer un bon moment, créer une connexion sans pour autant développer un intérêt physique ou émotionnel. Votre interlocuteur peut également passer un moment agréable en votre compagnie et manifester des signaux positifs sans pour autant ressentir de l'attirance pour vous. Le fait de percevoir que votre interlocuteur apprécie votre tête-à-tête peut se traduire de diverses manières sur le baromètre de l'attirance. Vous pouvez y voir un signe d'intérêt marqué pour vous. À l'inverse, vous pourriez y déceler une simple courtoisie. Selon le contexte, vous pouvez effectuer des déductions très différentes. Le fait de vous sentir attiré par une personne peut vous mener à ne retenir que le positif en écartant les aspects plus négatifs de la rencontre. Cela peut vous éloigner de la prise de conscience de la réalité. Inconsciemment, vous pouvez ainsi ignorer certaines paroles ou signaux qui devraient pourtant vous alerter. Par exemple, votre interlocuteur semble absent et perdu dans ses pensées, de même, il ou elle ne s'intéresse pas à vous. De même, il ou elle trouve un prétexte pour écourter votre rendez-vous ou reçoit un appel pour le prévenir d'une urgence. Autre hypothèse, il ou elle précise ne pas aimer l'ambiance du lieu où vous vous trouvez, cette précision peut constituer un signal plus subtil de son manque d'intérêt. Inévitablement, si vous analysez mal la situation, cela peut entraîner des quiproquos ou des maladresses. Avant de vous convaincre que la personne s'intéresse à vous, vérifiez que vous avez éliminé tous les biais qui peuvent vous détourner de la bonne analyse. Cela vous évitera par exemple de proposer un deuxième rendez-vous ou de tenter un baiser si votre interlocuteur ne partage pas votre envie. Pour éviter ce genre de situations embarrassantes, prenez-soin d'exprimer vos ressentis pour échanger sur la manière dont vous considérez l'évolution de votre rencontre.

Exprimer ses envies concernant la suite

Quand la fin du rendez-vous approche, le fait d'exprimer une conclusion peut se manifester de manière naturelle. Cela ne constitue pas une obligation, mais cela peut vous aider à y voir plus clair, notamment sur les intentions de votre interlocuteur, ou pour exprimer les vôtres. Certaines personnes ne savent pas mentir, donc elles préfèrent partager directement leurs ressentis au moment présent. Si vous vous reconnaissez dans cette description, vous pouvez exprimer vos impressions et votre envie de revoir votre interlocuteur pour apprendre à mieux vous connaître. Vous pouvez aussi l'informer que vous souhaitez plutôt vous revoir de façon amicale. Vous pouvez aussi lui indiquer que vous n'éprouvez pas d'attirance immédiate mais que vous souhaitez le ou la revoir pour approfondir votre connexion. À l'opposé, des personnes pudiques peuvent éprouver des difficultés à communiquer leurs ressentis. Dans ce cas, vous pouvez attendre de rentrer chez vous pour échanger par écrit ultérieurement. Pour les personnes sensibles ou empathiques, cette solution permet aussi éventuellement de préciser leur souhait de ne pas donner suite à la rencontre de manière moins frontale. A contrario, en cas d'évidence mutuelle, inutile de verbaliser la réciprocité de votre attirance ; s'il n'y a pas eu de rapprochement ou de contact physique précédemment, cela constitue le bon moment pour vous embrasser.

Comment se dire au revoir

La façon de se saluer à la fin de la rencontre peut résonner avec celle du début ou elle peut évoluer en fonction du déroulement de votre rendez-vous. Vous pouvez, par exemple, commencer par un échange de bises et finir par une étreinte ou un baiser. En cas de timidité ou d'hésitations, vous trouverez un moment plus opportun ultérieurement. Si vous ressentez l'envie d'embrasser votre prétendant mais que vous doutez de la réciprocité de ses sentiments, prenez-en d'abord connaissance avant de vous lancer. Cela permettra d'éviter un faux-pas et de vous retrouver dans une situation embarrassante. Vous pouvez directement lui poser la question. Même si, vous pouvez craindre que cette précaution coupe la spontanéité de l'instant, il vaut mieux miser sur cette option en cas de doute persistant plutôt que de vous lancer sans filet de sécurité et vous retrouver dans une situation gênante en cas de rejet. Néanmoins, certains contextes entraînent naturellement un échange de baisers. Par contre, cela peut entraîner d'autres questions, comme le fait de prolonger votre tête-à-tête.

POURSUIVRE LE RENDEZ-VOUS ENSEMBLE

Après un premier rendez-vous, la décision de prolonger l'instant ensemble soulève plusieurs interrogations. Voulez-vous franchir le seuil de l'intimité ou préférez-vous partager des instants platoniques ? Si l'intimité physique entre en jeu, comment l'aborder ?

La question de l'intimité

L'évocation du premier rapport sexuel dans une nouvelle relation diverge complètement selon les contextes et les points de vue. Il existe d'un côté les injonctions à la liberté sexuelle et de l'autre côté les injonctions à la préservation de l'intimité. Il existe aussi des injonctions à l'accumulation d'expériences sexuelles, opposées au « slow dating » (le fait de prendre son temps). Votre choix peut dépendre de vos convictions religieuses, de votre milieu social, de votre histoire personnelle entraînant donc des questionnements et des décisions complexes. D'autant plus dans le cas de figure du dating en ligne, puisque la relation se développe préalablement de manière virtuelle. Les sites de rencontres redéfinissant les normes de l'intimité, est-ce que le fait de connaître votre interlocuteur depuis plusieurs heures, jours, semaines, vous donne davantage l'impression de pouvoir lui accorder votre confiance ? Au contraire, préférez-vous ne pas le ou la connaître réellement pour partager un moment d'intimité plus décomplexé ? Pour effectuer au mieux votre choix, il faut parvenir à vous détacher des avis extérieurs et prendre vos décisions en adéquation avec vous-même. L'avis de votre entourage ne doit pas conditionner vos choix. Peu importe si des personnes vous jugent trop facile et inconscient, ou trop prude et coincé. Ce choix vous appartient car il reflète vos envies et vos besoins.

Témoignage de Florence, 54 ans :

« Qu'en est-il de la croyance que si l'on envisage une histoire sérieuse, il faut « ne pas coucher le premier soir », et attendre un peu ? Croyance, mythe ou réalité ? Je parle en tant que femme, car dans mon expérience *(et dans la réalité ?), l'homme a plus vite envie de faire l'amour, et lorsqu'il a eu cela tout de suite, il a tendance à ne pas donner suite ... Cherchait-il un "one shot" et je n'ai pas su décoder ? Ou le fait de coucher tout de suite, a-t-il enlevé la part de défi, de conquête, qui semble importante pour que l'homme s'attache à une femme ? J'ai remarqué que si c'est trop facile, souvent, l'homme se détourne. Ou peut-être, tout simplement, le fait d'aller plus loin ne lui a pas donné envie de poursuivre avec moi, je ne sais pas.* »

Veillez à vous émanciper des préjugés. En effet, une histoire sérieuse peut se développer même après une expérience sexuelle dès le premier soir ou après une relation purement sexuelle entre « sex friends ». Une histoire peut également échouer même si vous avez pris votre temps. Si vous ne souhaitez pas prendre une décision dans l'immédiat, vous pouvez simplement passer la nuit ensemble sans aller plus loin.

Nuit platonique

Si votre première rencontre vous emporte dans une atmosphère de plénitude et de bonheur, vous pouvez souhaiter poursuivre les instants passés ensemble, sans pour autant céder à vos désirs. Le fait de vous rendre chez lui, chez elle, ou chez vous, peut vous accorder la possibilité d'approfondir vos échanges ou de partager des confidences dans le calme et la douceur de la nuit. Cette démarche ouvre la voie à une accélération naturelle du début de votre relation. En effet, vous découvrez, d'emblée, son univers et son mode de vie, ou inversement. Ce déroulement constitue donc un moyen efficace pour confirmer votre compatibilité, notamment si vous souhaitez évaluer la possibilité de rester ensemble sur le long terme. En partageant ces moments privilégiés, vous ne prolongez pas seulement votre soirée, vous créez un espace de complicité et de partage, confirmant votre désir de vous rapprocher sur le plan intellectuel et éventuellement intime.

Rapport intime

La majorité des célibataires s'accordent à considérer que le troisième rendez-vous constitue le bon moment pour passer la nuit ensemble[69]. Pour autant, 45% des utilisateurs de sites de rencontres estiment que cette étape peut se franchir dès le premier ou le deuxième rendez-vous. Par ailleurs, 63% des célibataires se disent à l'aise pour aborder spontanément la question des relations intimes avec leur partenaire potentiel[70]. Les premiers moments d'intimité constituent des étapes importantes dans une relation. Veillez à garder à l'esprit qu'il ne faut pas céder aux envies de l'autre, mais écoutez vos propres désirs. La décision vous appartient parmi toutes les possibilités qui se présentent à vous. D'un côté, passer la nuit ensemble pour prolonger l'alchimie que vous ressentez ou vous permettre simplement de partager un moment d'intimité. D'un autre côté, prendre votre temps pour apprendre à vous connaître, et à identifier la confiance que vous pouvez ressentir en l'autre. Si vous partagez l'envie commune de rapports sexuels, il faut veiller à vous assurer que les conditions vous conviennent mutuellement :

Consentement : Le consentement doit s'exprimer librement, sans pression ni contrainte. Assurez-vous que l'autre personne se sente à l'aise et en sécurité, et réciproquement. N'oubliez-pas que le consentement reste révocable à tout instant. Veillez à vous assurer que votre partenaire peut prendre une décision en toute connaissance de cause.

Confiance : La confiance et le respect mutuel participent à l'instauration d'une relation sexuelle épanouissante. Vous pouvez exprimer vos besoins et vos limites et devez prendre en considération les siens.

Communication : Vous pouvez exprimer vos désirs et vos attentes. Vous pouvez aussi poser des questions pour vous renseigner sur les besoins de votre partenaire.

Protection : La protection contre les infections sexuellement transmissibles (IST) demeure fondamentale.

Le souvenir d'une nuit passée ensemble peut se teinter d'une impression désagréable ou plaisante selon des circonstances très subjectives. Dans la seconde hypothèse, si vous souhaitez le ou la revoir, mais que vous ignorez ses pensées et ses souhaits, vous devez trouver la bonne approche pour donner un nouvel élan à votre relation naissante.

REPRENDRE CONTACT

La montée d'intensité du premier rendez-vous donne souvent lieu à un temps de calme et de réflexion une fois seul. Cette phase favorise un moment d'introspection pour évaluer vos sentiments et impressions afin de déterminer le désir de poursuivre ou non votre rencontre. Sans initiative de part et d'autre, votre connexion naissante s'interrompt à cet instant. Il s'avère trompeur de penser qu'en matière de relations hétérosexuelles, l'homme doive prendre les devants, réduisant ainsi la femme à attendre passivement. Écoutez votre cœur et exprimez, le cas échéant, votre envie de le ou la revoir prochainement. Vous devez ainsi déterminer le bon moment pour effectuer votre proposition, en montrant votre intérêt sans excès, et en restant prêt à accepter, avec sérénité, une éventuelle réponse négative.

Identifier le bon moment

Choisir le moment idéal pour envoyer le premier message post-rendez-vous revêt une importance particulière à ce stade de la relation. Suivez votre intuition en gardant à l'esprit de vous montrer ni trop insistant, ni trop distant. De nombreux conseils en séduction préconisent de laisser le temps s'écouler pour éveiller le désir de l'autre en retardant et limitant les prises de contact. En réalité, cette stratégie peut surtout engendrer de la confusion. Privilégiez plutôt la sincérité dans votre manière de communiquer. Les jeux de séduction peuvent nourrir des hésitations et des incertitudes des deux côtés. En règle générale, patientez quelques heures ou même une journée avant de renouer le dialogue par message ou par téléphone. Cet intervalle offre à chacun l'opportunité de méditer sur la rencontre et de clarifier ses intentions pour ensuite pouvoir les exprimer avec discernement. Même si vous espérez impatiemment revoir votre prétendant, dosez toujours votre enthousiasme pour éviter de sembler suppliant pour vous revoir.

Exprimer votre intérêt sans paraître désespéré

La tonalité et le contenu du premier message déterminent la suite de votre expérience avec votre interlocuteur. Première hypothèse, il ou elle partage la même envie de vous revoir, dans ce cas, à moins d'un impair regrettable, vous obtiendrez une réponse positive. Deuxième hypothèse, il ou elle hésite, et votre message peut changer la donne, d'un côté comme de l'autre. Pour optimiser vos chances, vous devez partager vos impressions sans excès d'enthousiasme. "J'ai passé un très beau moment avec toi" s'avère plus adapté que "Je souhaite te revoir rapidement". Privilégiez une communication modérée et ne submergez pas votre partenaire de messages ou d'appels. Le fait de trop insister peut donner une image de désespoir. Laissez plutôt la conversation s'épanouir de façon fluide, gardez patience et laissez-lui du temps. Enfin, évitez de donner l'impression que votre bonheur dépend uniquement de la réponse que vous attendez. Enfin, préparez-vous éventuellement à recevoir une réponse décevante.

La manière d'accepter un refus

Le premier rendez-vous constitue le meilleur moyen pour identifier le désir de poursuivre une relation après des échanges virtuels. Inévitablement, toutes les rencontres ne se concrétisent pas en histoire, il faut donc apprendre à réagir de manière adéquate à une réponse négative. Ne prenez pas ce refus comme une défaite personnelle. Derrière cette situation, il existe de nombreuses raisons et explications qui dépendent des émotions ou du fruit de la réflexion de votre interlocuteur. Restez respectueux et réagissez avec calme et diplomatie et acceptez la situation sans vous vexer. Vous pouvez lui écrire : « Je comprends et je te souhaite de trouver la bonne personne ». N'envoyez pas de message insistant ou culpabilisant. Si vous le désirez, vous pouvez garder le contact pour échanger sur les motifs et les explications de votre interlocuteur pour comprendre sa décision. Cela peut vous aider à mieux saisir la situation et à améliorer vos futurs rendez-vous. Dans cette continuité, après un premier tête-à-tête, apprendre à gérer vos émotions devient crucial pour s'adapter à toutes les situations qui peuvent encore arriver.

GÉRER VOS ÉMOTIONS

Apprendre à gérer vos émotions permet de maîtriser les turbulences intérieures, surtout si vous vous demandez pourquoi vous n'arrivez pas à rencontrer la bonne personne malgré tous vos efforts.

En cas d'incertitude

Après un premier rendez-vous, l'incertitude peut s'immiscer dans vos pensées. D'une part, vis-à-vis de vous-même, en questionnant vos propres sentiments et impressions. D'autre part, vis-à-vis de l'autre, en cherchant à déchiffrer ses réactions et ses ressentis pour comprendre ce qu'il ou elle ressent pour vous.

DE SON CÔTÉ

Quand vous découvrez une personne pour la première fois, vous pouvez ressentir immédiatement de l'attirance ou aucun désir. Vous pouvez aussi ne pas ressentir d'évidence. L'absence de certitude émane fréquemment d'une appréciation en demi-teinte de votre interlocuteur, où certains traits vous séduisent tandis que d'autres vous laissent perplexe. Ce contraste trouble votre jugement et affaiblit votre aptitude à discerner vos impressions d'un côté, comme de l'autre. Dans ce genre de situation, ne vous précipitez pas pour prendre une décision. Laissez-vous un temps de réflexion pour analyser ce que vous ressentez les jours suivants la rencontre. Prendre du recul permet souvent de ressentir l'essence de vos ressentis. Un premier rendez-vous s'avère souvent riche en découvertes et en émotions, donc il faut parfois du temps pour absorber et analyser le mélange de sentiments pour en retenir une sensation qui s'en émane naturellement. Si vous ressentez peu d'attirance, n'espérez pas un revirement soudain de sentiments. Votre regard risque de perdurer. Cependant, vous pouvez tout de même tenter un deuxième rendez-vous pour y voir plus clair. Face à un doute tenace, fiez-vous à votre instinct intérieur pour apaiser vos questionnements. Plutôt que de vous perdre dans les méandres de la réflexion, laissez vos sens et vos émotions guider votre choix lorsque la logique ne vous aide pas. Cette démarche peut également vous aider à comprendre les intentions de votre interlocuteur concernant l'évolution de votre relation.

DU CÔTÉ DE SON PRÉTENDANT

Lors d'un premier rendez-vous, vous traversez, probablement de façon synchronisée, les mêmes mécanismes de pensée et d'analyse que votre interlocuteur, agissant comme des miroirs l'un de l'autre. Néanmoins, cette expérience se vit souvent en silence, sans exprimer les réflexions qui parcourent vos esprits. Naturellement, vous imaginez certainement que votre interlocuteur scrute et évalue chaque facette de votre personnalité et de votre comportement, afin de déterminer si vous lui plaisez. Pourtant, vous ignorez ce qu'il ou elle ressent pour vous, s'il ou elle a remarqué vos petites imperfections, s'il ou elle aime votre voix, votre personnalité, votre façon de raconter des anecdotes et vos histoires de vie. Si votre interlocuteur n'exprime pas ses pensées à votre égard, vos interrogations risquent de vous accaparer l'esprit pendant longtemps. Dans de telles circonstances, la vulnérabilité et le désarroi prennent souvent le dessus. Si l'absence de réponse vous préoccupe, vous pouvez directement lui demander ce qu'il ressent pour vous. Pour éviter une approche trop brutale, prenez subtilement la mesure de ses sentiments en indiquant à la fin de votre tête-à-tête que vous avez apprécié votre rencontre ou votre conversation. La réaction de votre interlocuteur vous permettra, en principe, d'y voir plus clair. Vous pouvez aussi attendre la fin de votre rendez-vous pour exprimer vos pensées par écrit. Si vous appréhendez cette approche, vous pouvez aussi attendre qu'il ou elle se manifeste. Néanmoins, en cas de silence, vous resterez dans l'incertitude en vous demandant s'il s'agit d'un manque d'intérêt de sa part ou s'il ou elle attendait que vous repreniez contact. Si vous souhaitez obtenir des réponses, vous devez inévitablement vous confronter à des réponses de sa part sinon vous resterez dans un état émotionnel de doutes et d'incertitudes et éventuellement dans un sentiment d'échec.

En cas de déception sentimentale

Lorsque votre potentiel prétendant vous informe qu'il ou elle ne souhaite pas vous revoir, vous pouvez ressentir une déflagration intérieure de déception et de tristesse. Il faut parfois du temps, de la réflexion et du recul pour dépasser cette épreuve. Face à un échec amoureux, soit vous vous relevez et vous concentrez sur le positif, soit vous vous abattez et craignez de ne jamais trouver un partenaire. Le fait de ressasser votre dernier rendez-vous peut vous entraîner à passer en revue tous les instants « ratés ». Vous commencez donc à remettre en question votre tenue, votre comportement, votre façon de parler… Sur le coup de l'émotion, vous pouvez même aspirer à devenir une autre personne plus en capacité de séduire celle ou celui qui vous plaisait. En réalité, il vaut mieux rester vous-même et vous retrouver éconduit plutôt qu'endosser un rôle et réussir à plaire grâce à ce stratagème.

Témoignage de Jules, 33 ans :

« Il y a un an, j'avais rencontré une fille sur un site de rencontre. Après notre premier rendez-vous, elle m'a écrit : « Tu es trop sensible. Ce n'est pas possible pour moi ». Il y a une semaine, je flirtais avec une fille, aussi rencontrée sur un site de rencontre. Suite à un sms où j'avais fait un jeu de mot pourri, elle m'a dit : « J'ai passé de supers moments mais tu es excessif. Et moi, ce n'est pas possible de cette manière. Mais comme tu le dis, tu ne vas pas changer ta personnalité et c'est normal. » Spleen du moment et sensation de me sentir « trop » ou « pas assez ». Donc, voici mes hypothèses : 1. Je suis quelqu'un de sympathique, mais avec des côtés « foufou » et « hypersensible » qui surprennent ou font peur. 2. Les

sites de rencontre conduisent plus rapidement à ce type de déception. Une personne que l'on rencontre dans la vraie vie prend le temps de réellement nous connaître et de nous apprécier (ami, bénévole, collègue, connaissance...). 3. J'ai vécu de très belles relations longues et sérieuses et je ne désespère pas de rencontrer, un jour, quelqu'un qui me plaît et à qui je plais. L'amour ne se trouve pas si facilement. Il est normal de ne pas plaire à tout le monde. »

Se présenter de manière authenticité offre de multiples avantages. Tout d'abord, cette démarche permet de mettre fin rapidement à toute implication émotionnelle avec une personne incompatible. Enfin, elle facilite naturellement le filtrage des prétendants qui vous apprécient réellement. Ainsi, vous évitez de perdre du temps avec des personnes avec lesquelles une relation épanouissante s'avère improbable. Par conséquent, au lieu de ressasser l'échec de votre rendez-vous, remettez en perspective la réalité intrinsèque des relations amoureuses : trouver un partenaire compatible constitue un événement rare et précieux au cours d'une vie.

« *La fin des peines d'amour est la fin de l'amour même.* »

Emmanuel Kant, philosophe

Gardez à l'esprit qu'un échange virtuel prometteur n'entraîne pas forcément l'émergence d'une belle histoire. En effet, le déclic du sentiment amoureux implique de nombreux paramètres qui doivent tous coïncider : le plaisir de passer du temps ensemble, l'attirance réciproque, le partage d'envies et d'objectifs communs... Quand l'alchimie ne s'installe pas, la déception peut prendre le dessus. Lorsque vous ressentez une attirance non partagée, acceptez cette situation car vous ne possédez pas de solution pour changer le destin. Quand la magie n'opère pas, cela ne sert à rien d'insister. Rebondir après ce genre d'expériences s'avère parfois difficile, pourtant, ces rencontres « ratées » vous permettent d'explorer les raisons qui peuvent entraver la rencontre avec la bonne personne.

Faire le bilan de son expérience

Rencontres après rencontres, la déception s'installe. D'où vient le souci : de vous ou de vos prétendants ? Le destin peut jouer des tours, mais parfois, votre manque de discernement ou votre idée trop idéalisée de l'amour vous empêche de trouver un partenaire.

CHOIX DU MAUVAIS PROFIL

Sur les applications de rencontres, vous pouvez rencontrer tous types d'individus et dans le lot, il existe des personnes qui mentent sur leur description ou leurs intentions. 30% des célibataires admettent qu'ils pourraient dissimuler la vérité sur les applications de rencontres[71]. Le site *eharmony* précise que 22% des célibataires reconnaissent publier d'anciennes photos ou les retoucher avec des filtres. De plus, 13 % des utilisateurs avouent mentir à propos de leur emploi, 11 % sur leur taille et 10 % sur leur âge[72]. L'impossibilité de vérifier ces informations peut conduire à de mauvaises surprises. Par ailleurs, il n'existe pas de solutions imparables pour éviter ce genre de situations. Les applications de rencontre poussent les utilisateurs à montrer le meilleur d'eux-mêmes pour réussir à plaire. Par conséquent, certaines personnes s'engouffrent dans cette perspective de manière excessive en trichant sur leur profil. Ils ne réalisent forcément que le décalage entre leur profil et la réalité peut créer des déceptions. Dans d'autres situations, ces personnes cachent des intentions malhonnêtes : vengeance, *stalking* (espionnage en ligne), arnaque... Ces méthodes portent le nom de « catfishing », littéralement « pêche au poisson chat ». Si vous rencontrez systématiquement ce genre de profils, vous cumulez les malchances car il existe de nombreuses personnes sincères sur les applis. Néanmoins, afin de les trouver, il faut apprendre à bien analyser leurs profils.

PROBLÈME DE DISCERNEMENT

Au fur et à mesure de vos différentes expériences de rencontres, vous réalisez que vous rencontrez systématiquement des personnes qui ne vous correspondent pas. Au lieu de vous en apercevoir lors de vos échanges, vous le réalisez au moment de votre tête-à-tête. Le fait d'échanger quelques messages devrait, en théorie, vous permettre de cerner leur personnalité et identifier un début de connexion, mais ce discernement n'opère pas systématiquement. Cela peut provenir de deux explications principales, soit vous identifiez mal le type de personnes qui vous correspond, soit vous n'arrivez pas à analyser correctement les profils des célibataires sur la plateforme de dating. Rencontrer des personnes de manière virtuelle constitue un exercice périlleux et il s'avère normal de ne pas toujours maîtriser certains aspects de votre recherche via cette méthode. Avant de rencontrer votre interlocuteur, vous pouvez consulter votre entourage pour demander leurs avis. Cette démarche vous permettra de prendre du recul sur le profil de la personne que vous aimeriez rencontrer. Cette réflexion peut aussi vous aider à mieux examiner vos attentes et vous rendre compte que vous cherchez éventuellement de manière consciente ou inconsciente un partenaire parfait.

LA QUÊTE DE L'IDÉAL

Malgré la conscience de vos propres imperfections et de l'impossibilité de trouver un partenaire dépourvu de défauts, vous poursuivez, consciemment ou non, la quête de la personne incarnant votre idéal. À chaque nouvelle rencontre, vous espérez trouver cette âme sœur qui incarne vos attentes. Pourtant, à chaque nouvelle rencontre, vous discernez systématiquement les imperfections de votre interlocuteur que vous jugez rédhibitoires. Aimer un individu imparfait ne vous dérange pas, tant que ses défauts résonnent avec l'image de votre idéal amoureux. Votre niveau d'exigence ne relève pas d'un choix, mais s'ancre dans votre nature profonde et vous ne pouvez pas la changer. Dans cette situation, il faut potentiellement accepter une vérité parfois difficile : votre idéal amoureux, aussi parfait s'incarne-il dans votre esprit, n'existe pas forcément dans la réalité. Si néanmoins vous parvenez à trouver la personne de vos rêves, pourrez-vous l'identifier et saisir l'opportunité de vivre une belle histoire avec lui ou elle ?

Chapitre 14.
Votre rencontre peut-elle évoluer en histoire ?

Une rencontre qui se forme sur une application de rencontres suit différentes étapes pour s'épanouir dans la vie réelle. Inévitablement, les premières secondes s'affranchissent difficilement de l'univers digital, mais rapidement, le lien devient de plus en plus tangible jusqu'au moment d'oublier que la rencontre a eu lieu initialement sur une plateforme virtuelle. Finalement, les rencontres en ligne ressemblent aux autres ; les sentiments évoluent de manière assez similaire. Après une ou plusieurs sorties, les envies, les désirs et les perspectives se dessinent progressivement. Lorsque chaque facette du rendez-vous indique l'évidence d'une relation, il faut tout de même consacrer une analyse minutieuse à chaque détail du rendez-vous pour confirmer votre impression. De même, comprendre les mécanismes de la naissance des sentiments amoureux peut enrichir votre perception de votre expérience et de vos émotions. Enfin, lorsque tout évolue sans heurt, il devient essentiel de se questionner l'adéquation de vos personnalités dans le cadre d'une relation. Cette introspection assure non seulement une confirmation de vos sentiments mais peut vous guider vers une relation épanouissante.

DÉCRYPTAGE DE VOTRE RENDEZ-VOUS

Au terme de votre rendez-vous, vous gardez la sensation qu'une étincelle s'est allumée. Cependant, cette impression initiale ne garantit pas encore l'évolution de votre rencontre vers une véritable relation. Selon une étude récente, les célibataires valorisent différents éléments clés pour construire une relation, il s'agit de la confiance réciproque, la communication et le respect mutuel[73]. Ces aspects déterminent, selon eux, les critères essentiels pour concrétiser une rencontre en histoire. De votre côté, quels critères déterminent votre volonté de vous engager

? Pour y voir plus clair, vous pouvez analyser votre rendez-vous sous différents angles. Comment percevez-vous la connexion entre vous, superficielle ou profonde ? Pensez-vous que vos échanges reflètent fidèlement votre personnalité et celle de votre interlocuteur ? Jugez-vous la qualité de votre conversation enrichissante ou monotone ? Estimez-vous que votre tête-à-tête a réussi à matérialiser le lien émotionnel initié virtuellement ? Considérez-vous que les points communs qui vous rapprochent peuvent constituer des fondations à une connexion durable ?

Témoignage de Fatima, 48 ans :

« Il n'y a pas de norme en amour, mais l'amour, c'est quoi ? Un sentiment, de l'attention, du respect, de la bienveillance, c'est tellement un tout que sans, il n'y a rien. Chacun de nous a ses bases, les miennes sont le respect, l'attention, le partage, sublimé par la rencontre d'une personne, d'un corps et d'une âme, qui étrangement, ne me sera pas étrangère. Mais avant d'en arriver à cette relation, se comprendre et se connaître est primordial. Savoir ce que l'on ne veut pas et ce qui nous fait vibrer. Savoir se faire du bien, être vrai avec soi afin de l'être avec nos rencontres. Se perdre est un bon début, faire table rase afin de remonter le fil de son identité, de ses sentiments envers soi, en veillant à ne pas se comparer à ceux qui nous entourent afin d'éviter de vouloir calquer à une soi-disant norme qui nous enlise. Soyons vrai ! Vivons »

Évaluer votre lien de confiance

Il existe trois piliers fondamentaux qui soutiennent le développement d'une relation durable. En premier lieu, l'importance de vous montrer authentique et transparent. En second lieu, vous assurez de l'acceptation de votre façon d'être par votre prétendant. Enfin, de respecter et d'accepter l'identité et la personnalité de votre prétendant. L'absence de l'un de ces éléments peut entraîner un déséquilibre au sein de votre relation. Par conséquent, le fait d'occulter ou de modifier certains aspects de votre personnalité ou des épisodes de votre histoire oriente d'emblée la dynamique de votre relation vers une impasse. Il s'avère donc essentiel de permettre à l'autre de vous connaître sans dissimulation. Par exemple, si vous avez des enfants ou déjà été marié, ne laissez pas planer le doute. De l'autre côté, pour découvrir les nombreuses facettes de la personnalité de votre interlocuteur, veillez à l'interroger sur ses expériences passées et à lui demander son avis sur certaines situations concrètes. Si vous constatez un manque de transparence ou une ambiguïté, n'hésitez pas à creuser le sujet pour obtenir des réponses. Certains individus préfèrent attendre le bon moment pour aborder certaines discussions, alors que ces sujets sensibles méritent au contraire un éclaircissement rapide, comme le fait de se trouver en processus de séparation, endetté... Le fait de partager toutes les informations importantes avant de vous engager dans une relation permet d'évoluer dans un cadre de confiance et de respect.

Vérifier la réciprocité de votre respect

Un premier rendez-vous trace les contours du lien affectif entre deux personnes éprises l'une de l'autre. Ce point de départ oriente généralement la suite de l'histoire. L'absence d'estime entre deux partenaires ne préfigure pas une relation saine et épanouissante. La notion de respect implique de multiples aspects plus ou moins essentiels. Avant tout, ce principe nécessite de vous accepter mutuellement et de vous engager à ne pas vouloir changer l'autre. Ensuite, cela concerne l'acceptation et la considération de vos besoins respectifs, ainsi que de vos choix, et de vos limites. Ce point peut entraîner des compromis délicats. Parfois, s'ajuster aux besoins de l'autre peut frôler la sur-adaptation. Veillez donc à vous assurer que ces ajustements ne compromettent pas vos propres besoins. Trouver le bon équilibre entre donner et recevoir, respecter et obtenir du respect, constitue la clé d'une harmonie saine dans une relation. Par exemple, vous pouvez décider de passer une soirée selon les préférences de votre partenaire, puis alterner une autre fois avec vos envies. Cette approche favorise non seulement l'équité et le respect mutuel mais pave également le chemin vers une communication ouverte et sincère.

Analyser la profondeur de votre discussion

La qualité et la profondeur d'une conversation d'un premier tête-à-tête déterminent ensemble l'évolution d'une potentielle relation. Le fait de vous sentir suffisamment en confiance pour partager des moments marquants de votre vie, vos aspirations non réalisées, vos espoirs et vos appréhensions illustre l'absence de vos craintes face au jugement ou au rejet de l'autre. Cette transparence permet d'accéder à une compréhension profonde permettant à votre interlocuteur de mieux vous découvrir.

« *Aimer, c'est pouvoir penser tout haut avec un autre être humain.* »

Pascal Quignard, écrivain

À mesure que vous vous livrez et partagez vos pensées les plus personnelles, vous invitez l'autre à renforcer le lien qui vous unit. L'intégration progressive de vos univers respectifs, à travers le partage de vos centres d'intérêt, de vos passions, et même de vos routines quotidiennes, contribue à explorer davantage votre connexion. De plus, si vous évoquez des projets futurs, tels qu'une activité ou un voyage, cela symbolise votre engagement mutuel et votre souhait d'approfondir votre connexion.

Mesurer votre connexion émotionnelle

Un premier rendez-vous peut prendre une forme complètement différente en fonction du lien qui se forme entre vous ; il peut se développer de manière superficielle ou de manière profonde. Cela dépend en partie de vos personnalités, de votre humeur, mais aussi de votre état d'esprit, votre niveau de forme ou de fatigue... Par conséquent, l'assemblage de ces différents éléments peut mener à des résultats très différents. Si, au premier abord, la connexion ne semble pas évidente, il se pourrait qu'une nouvelle rencontre dans un contexte différent révèle une affinité entre vous. Cependant, quand tous les éléments s'alignent, le premier rendez-vous prend alors une dimension presque magique.

Imaginez-vous en pleine discussion avec votre interlocuteur, vous réalisez que chaque sujet de conversation trouve un écho chez l'autre, révélant vos aspirations et vos rêves communs. Vos rires se mêlent naturellement, et les moments de silence témoignent d'une connexion profonde. Vous découvrez un alignement synchronisé de vos envies avec un sentiment de complémentarité dans vos échanges et dans la manière dont vous envisagez l'avenir. Lorsque votre conversation évolue avec fluidité, simplicité et enrichissement mutuel, cela signifie que votre rencontre peut se transformer en une relation pleinement épanouissante et bienveillante.

Témoignage de Julie 34 ans :

« Quand j'assiste à un premier rendez-vous, j'observe, avec pudeur, la personne en face de moi avec un certain calme, mais j'ajoute très vite de l'humour pour détendre l'atmosphère, puis je m'ouvre complètement. Je n'ai pas vraiment de tabous, donc c'est facile, et mon empathie me permet de m'aligner, assez facilement, avec l'autre. Résultat, et je le dis, en toute modestie, j'ai beaucoup de facilité à établir une connexion. Les mots s'enchaînent, les sourires, les rires, les échanges d'expériences. Je suis quelqu'un de très positif, très passionnée, un peu folle et spontanée. Résultat, il m'arrive, fréquemment, que la personne me dise n'avoir jamais connu une telle connexion avec quelqu'un ou n'avoir jamais embrassé comme ça, quand on arrive à cette étape-là, car oui, j'aime embrasser et je suis passionnée là aussi. »

Vérifier la réciprocité de votre attention

La façon dont vous manifestez de l'attention à l'égard de votre interlocuteur lors d'un premier rendez-vous révèle votre envie et votre capacité à vous investir dans une relation. Elle illustre de manière tangible la manière dont vous exprimez votre empathie et votre bienveillance. L'attention que vous portez peut se manifester de diverses manières dès cette première rencontre. Le fait de simplement choisir un lieu qui conviendra et plaira à l'autre constitue déjà un premier pas vers la prise en compte de ses goûts. De même, à travers le choix des sujets de conversation, vous montrez votre intérêt pour son histoire personnelle, ses passions et ses projets. De votre côté, restez attentif à tous les petits gestes que votre interlocuteur vous porte, même ceux qui peuvent sembler mineures, comme le fait de vous céder la meilleure place dans un bar ou se positionner du côté des voitures pour votre sécurité sur le trottoir. Des actions plus évidentes, telles que suggérer de changer de table pour vous éviter un courant d'air ou l'odeur de cigarette constituent des manifestations plus claires de sa volonté de veiller à votre bien-être. Ces marques de sollicitude témoignent d'une envie de se rapprocher de vous, comme le fait de mettre en évidence vos goûts en commun.

Évaluer la portée de vos intérêts communs

Bien que les intérêts similaires ne constituent pas un prérequis pour construire une relation, ils aident à créer une connexion entre deux personnes qui apprennent progressivement à se découvrir. En effet, partager une passion, un intérêt ou des goûts en commun facilite les discussions et permet d'échanger de manière fluide et d'aborder des sujets qui vous intéressent réciproquement. Certains sujets peuvent s'avérer plus significatifs que d'autres. Si partager des préférences culinaires ou musicales peut créer un premier niveau de connexion, partager des intérêts et des valeurs plus profondes forgent une base solide pour envisager un avenir en commun. Ces affinités créent un sentiment de familiarité et facilitent une intégration harmonieuse et naturelle dans la vie l'un de l'autre. Néanmoins, même si ces similitudes favorisent une certaine complicité, elles ne définissent pas à elles seules l'attraction ressentie entre deux personnes. L'alchimie dépasse souvent la simple accumulation de goûts et d'intérêts partagés.

DÉTECTER L'ATTIRANCE

Décoder le langage de l'amour

Le décryptage de l'attirance constitue une aptitude que peu de personnes maîtrisent. En effet, pouvez-vous détecter facilement les sentiments de votre interlocuteur à votre égard lors d'un tête-à-tête ? Bien que des signaux et des comportements puissent apporter des pistes, ils ne suffisent pas à en tirer une conclusion avec certitude. Même si votre rendez-vous semble se dérouler à merveille et que vous ressentez un intérêt évident de sa part, la partie n'est pas gagnée. Un tête-à-tête réussi ne garantit pas l'existence d'une attirance ou d'une envie de relation. Donc comment s'y retrouver ? Face aux subtilités souvent complexes des interactions humaines, reposez-vous sur des signes concrets pour tenter de décrypter les intentions de la personne qui vous intéresse. Vous pouvez vous baser sur une constellation d'indices pour déceler si vous suscitez son intérêt. Néanmoins, gardez à l'esprit que ces observations restent des suppositions. Sans une communication directe où vous questionnez votre interlocuteur sur ses sentiments à votre égard, vos conclusions resteront de l'ordre de la spéculation, fondée sur vos perceptions et votre interprétation. Malheureusement, il n'existe pas de méthode infaillible pour saisir pleinement ce que ressent l'autre, compte tenu de la diversité et de la complexité des personnalités humaines. Certaines interprétations peuvent s'avérer justes dans des contextes et erronées dans d'autres situations. Néanmoins, des indices peuvent éclairer votre questionnement. De plus, l'accumulation d'indices accroît les probabilités d'attirance, a contrario un seul indice peut s'avérer moins concluant, même si cela dépend du contexte.

Identifier les signes

Intérêt : S'il ou elle s'intéresse à votre vie, votre histoire, votre parcours et vous pose des questions pour en savoir davantage, vous pouvez en déduire qu'*a minima* sa curiosité témoigne de son intention d'apprendre à vous connaître.

Écoute active : Un interlocuteur qui vous écoute attentivement, sans vous interrompre, et qui réagit de manière appropriée à ce que vous lui racontez, témoigne d'un réel intérêt pour vos paroles et pour vous.

Compliment : Il ou elle vous adresse des compliments sur votre apparence, votre façon de penser, ou même vos choix de vie. Cela signifie qu'il ou elle vous apprécie et valorise ce qui vous rend unique.

Point commun : Le fait de chercher activement des intérêts ou des expériences que vous partagez en commun constitue un signe que votre interlocuteur tente de créer une connexion avec vous.

Univers : Si votre interlocuteur essaye de s'intégrer à votre univers, en se montrant curieux et ouvert, vous pouvez aussi en déduire qu'il ou elle cherche à cheminer vers vous.

Attention : Il ou elle montre une attitude protectrice ou des gestes d'attention à votre égard, comme le fait de s'assurer que vous vous sentez bien au cours de votre rendez-vous ou s'il ou elle demande si vous êtes bien rentré chez vous après votre tête-à-tête.

Partage : Si votre interlocuteur se confie et partage ses pensées, ses émotions, des aspects personnels de sa vie, cela signifie qu'il ou elle se sent en confiance avec vous et qu'il ou elle cherche à approfondir votre relation.

Opinion : Si votre interlocuteur demande régulièrement votre avis sur divers sujets, cela peut indiquer qu'il ou elle aimerait apprendre à vous connaître sous différentes facettes pour confirmer que vous lui plaisez.

Détail : Lorsqu'elle ou il se souvient de petits détails de vos conversations précédentes, cela signifie qu'il ou elle porte une attention particulière à ce que vous mentionnez et partagez.

Connexion : Le contact visuel ou les gestes tactiles révèlent une volonté de renforcer la connexion avec vous. En agissant ainsi, elle ou il baisse ses défenses, se montrant de plus en plus en confiance avec vous.

Langage corporel : Quand elle ou il saisit des occasions pour se rapprocher ou établir une connexion à travers des gestes, tels que toucher votre bras pendant une conversation, cela révèle un sentiment de bien-être en votre compagnie.

Prolongation : Lorsque votre interlocuteur souhaite prolonger le temps passé ensemble, cela signifie qu'il ou elle souhaite profiter davantage de votre compagnie et qu'il ou elle souhaite mieux vous découvrir.

Disponibilité : Si votre interlocuteur s'enquiert de vos plans futurs et de votre emploi du temps pour vous revoir, cela indique son désir de passer plus de temps en votre compagnie.

Avenir : Si votre interlocuteur se projette avec vous en parlant d'un projet d'avenir, vous pouvez en déduire qu'il ou elle souhaite donner une suite à votre rendez-vous. Il peut s'agir d'une nouvelle sortie ou d'un projet sur le plus long terme.

Discerner ces signaux exige de vivre pleinement chaque moment tout en observant attentivement l'attitude et le comportement de l'autre. Tandis que certaines personnes y parviennent facilement, d'autres peinent à concilier ces deux aspects simultanément. L'observation et l'interprétation des signaux mènent à une question cruciale : comment tombe-t-on amoureux ?

LA NAISSANCE DU SENTIMENT AMOUREUX

Lorsque vous ressentez de l'attirance pour une personne, vous ignorez probablement que tout votre être vous éveille à cette sensation. En effet, il résonne à l'intérieur de votre corps un feu d'artifice de connexions neuronales et un déclenchement d'hormones qui vous permet de sentir que vous « tombez amoureux ».

Le rôle du cerveau

Lorsque vous rencontrez quelqu'un qui suscite votre intérêt, une cascade de réactions s'enclenche à l'intérieur de votre corps. Tous vos sens s'éveillent, vous captez les effluves et les essences de son parfum, scrutez chaque geste et expression de son visage pour chercher à comprendre ses pensées. Chaque contact, même le plus léger effleurement, peut provoquer une onde électrique qui traverse le bas de votre dos. Enfin, vous entendez pour la première fois sa manière irrésistible de prononcer votre prénom. La force du sentiment amoureux correspond à celle de la faim et de la soif, tant les signaux qu'il envoie au cerveau s'avèrent puissants. Par ailleurs, « un coup de foudre » peut frapper de manière soudaine et intense et provoquer une attraction inexplicable et bouleversante. La compréhension de cette réaction se trouve au plus profond du cerveau, précisément dans la région des récepteurs des neurotransmetteurs. Ces récepteurs opioïdes jouent un rôle crucial dans la modulation de la réponse à la douleur, au stress et dans la régulation des émotions. Le système opioïde cérébral occupe également une place centrale dans la recherche d'un partenaire séduisant. Pour mieux illustrer ce phénomène, prenons connaissance d'une expérience relative à l'implication de ces récepteurs dans le mécanisme de l'attraction grâce à deux groupes d'hommes[74]. D'un côté, un groupe d'hommes avec des récepteurs opioïdes inhibés. D'un autre côté, un groupe d'hommes avec des récepteurs opioïdes actifs. L'ambition de cette étude consiste à décrypter leurs réactions devant des images de femmes jugées « séduisantes ». L'expérience démontre l'existence d'une réaction neuronale notablement atténuée chez les hommes du premier groupe comparée à ceux du second. Cela souligne le fait que les hommes, privés d'une activité normale de leurs récepteurs opioïdes, manifestent une attirance moindre pour des femmes, répondant pourtant à leurs critères de séduction habituels. Cela signifie donc que le cerveau possède la capacité d'initier un sentiment d'attirance. Par ailleurs, il agit de l'organe du corps le plus enclin à détecter une attraction naissante. Sans même voir une personne, son parfum peut éveiller du désir en vous.

Le pouvoir du sens olfactif

Les liens entre le nez, les amygdales et les hippocampes tissent une connexion profonde entre les émotions et les souvenirs. Ces éléments, étroitement associés à l'amour, occupent une place significative dans l'émergence des sentiments amoureux grâce à l'odorat. De manière subconsciente, l'odeur d'une personne peut évoquer de doux souvenirs et déclencher des émotions agréables. Les fragrances naturelles et corporelles possèdent le pouvoir d'attirer des partenaires potentiels. Ce phénomène joue un rôle crucial dans la préservation de l'espèce humaine, stimulant le désir sexuel nécessaire à la reproduction. Contrairement aux informations parfois véhiculées à tort, les humains ne peuvent pas percevoir les molécules inodores produites par le corps, connues sous le nom de phéromones. Ces dernières servent principalement de moyen de communication entre les insectes et entre les animaux. L'existence des phéromones humaines demeure toujours controversée et constitue un sujet de débats au sein de la communauté scientifique. Toutefois, la science a pu établir le rôle d'autres hormones dans le processus du sentiment amoureux.

Les effets des hormones de l'amour

À votre insu, les hormones féminines et masculines, telles que la testostérone et l'œstrogène, exercent une influence sur votre inclination à entamer une relation amoureuse avec un potentiel partenaire. L'intervention secrète de ces hormones peut parfois conduire à des choix totalement irrationnels. Ainsi, vous pouvez ressentir une attraction envers une personne qui, en théorie, ne correspond pas à vos « critères ». Parfois, cela peut même mener à la formation de couples que tout semble opposer : des divergences profondes en termes de mode de vie, de convictions politiques... En fin de compte, vos hormones peuvent vous aider à vous affranchir de vos attentes hypothétiques et de vos listes d'exigences. Par ailleurs, le commencement d'une relation déclenche la libération de dopamine dans l'organisme, provoquant une sensation de bien-être, de plénitude et d'harmonie. La sensation de « tomber amoureux » libère cette substance chimique, souvent appelée « l'hormone de la récompense ». Cette hormone déclenche également du désir et de l'excitation. La dopamine, aussi communément appelée « l'hormone du plaisir », s'active également dans d'autres circonstances agréables, comme lors de la dégustation d'un mets délicieux, la pratique d'une activité artistique ou en écoutant de la musique. De plus, la dopamine possède le pouvoir de réduire l'anxiété, ce qui s'avère particulièrement utile pour aborder sereinement un premier tête-à-tête. Elle contribue sans doute aussi à créer cette impression de vivre un rêve éveillé après une rencontre amoureuse bouleversante. Lorsque l'on « tombe amoureux », une autre hormone cruciale entre en jeu dans ce processus. Il s'agit de l'ocytocine, souvent qualifiée « d'hormone de l'attachement », sécrétée lors de contacts physiques ou de gestes tendres. Elle procure une sensation de bien-être, favorise la détente, et renforce la confiance en soi et en l'autre. Une autre hormone, la phényléthylamine, joue également un rôle dans l'émergence des sentiments amoureux. Appartenant à la famille des amphétamines, terme souvent associé aux athlètes de haut niveau, cette hormone engendre également de l'euphorie, une sensation de bien-être, et permet de se sentir moins inhibé. Ces émotions, si puissantes et parfois déroutantes, amènent à s'interroger : au-delà de ces ressentis physiques intenses, comment déterminer si vous partagez une véritable compatibilité avec votre partenaire en début de relation ?

ÉVALUER VOTRE COMPATIBILITÉ

Selon les résultats d'une étude de l'institut *Ipsos*, près de 2 célibataires sur 5 précisent s'engager dans une relation sentimentale, même s'ils savent qu'elle mènera à une impasse[75]. Cela illustre la volonté de se mettre parfois à tout prix en couple en occultant des incompatibilités majeures, préfigurant une rupture potentielle. Pour construire une relation durable, veillez à acquérir le bon discernement pour identifier tous les points essentiels qui préfigurent une belle harmonie dans votre relation.

Témoignage de Marie, 49 ans :

« J'arrive à distinguer sentiments, sensations et intuitions. L'amour tel que je l'envisage et que j'ai connu, je devrais pouvoir le « reconnaître ». C'est pour moi un partage, un échange, une connexion, un tango avec l'autre. Car vécu seul, ce n'est pas de l'amour mais une projection de la

merveilleuse histoire qu'on aimerait vivre. Pour « reconnaître » cet amour partagé, j'ai d'abord l'intuition d'une belle connexion, d'une communication facile et fluide, d'une compréhension mutuelle puis le désir d'en savoir plus, même sans passion, surtout sans passion, d'ailleurs qui pourrait aveugler. Laisser naître et nourrir le désir dans une belle harmonie et une saine complicité, la communication des corps, pour accueillir les sensations, cette fois, d'un souvenir ému, d'une chaleur partagée et l'étreinte du cœur, l'étau dans la poitrine, le manque de l'autre et développer des sentiments amoureux par la conjonction de tous ces facteurs... Plusieurs semaines, voire plusieurs mois plus tard, lorsque l'attrait de la nouveauté aura fait place à la complicité, je saurai si le besoin de rester ensemble est plus fort que le manque, si l'histoire mérite une place de choix. Les épreuves de la vie feront le reste. Rien n'est acquis. »

Déchiffrer ces nuances implique plus qu'une simple observation des gestes et des mots du quotidien. Il convient d'explorer les piliers de votre relation naissante, de peser judicieusement l'importance des compromis, d'évaluer la correspondance de vos convictions et de vos valeurs, de s'accorder sur la place de votre belle-famille et de votre famille, de prendre en compte l'impact de vos personnalités ou des conséquences liées à un comportement extrême, mais aussi, de réagir face aux signaux et alertes qui signalent des limites d'une relation équilibrée et saine. Enfin, vous pouvez écouter votre intuition et suivre votre instinct pour évaluer l'harmonie de votre nouvelle relation.

Les points fondamentaux

La compatibilité entre deux partenaires s'ancre bien au-delà du partage des instants de vie et des gestes d'affection. Elle requiert une harmonie dans le choix du type de relation, une profonde acceptation et un respect mutuel, une convergence sur le lieu de vie, un accord sur le désir d'enfant, et une synchronisation des trajectoires de vie.

ÉVALUER LA CORRESPONDANCE DE VOS ENVIES DE RELATION

Le prérequis à une relation débute par la convergence du type de relation souhaitée. Même si la monogamie prédomine, il existe de nombreuses autres façons de s'aimer ou de former un couple : relation à distance, relation ouverte, poly-amour, union platonique... et bien d'autres configurations qui reflètent la diversité des liens affectifs. L'essentiel réside dans l'acceptation mutuelle des partenaires vis-à-vis des attentes de chacun. Imaginez que vous entamez une relation dans une perspective non exclusive et que votre partenaire préfère une relation monogame, l'évolution de votre histoire risque de se compliquer rapidement. Bien entendu, le choix du type de relation qui vous convient peut évoluer au cours de votre vie sentimentale, au gré du temps, de vos expériences, et votre maturité. Cependant, l'essentiel consiste à partager la même vision au même moment avec votre partenaire. Vous pouvez aussi évoquer la vision de votre relation concernant d'autres sujets, comme la sexualité, l'engagement, la liberté... Il convient de respecter les envies et les choix de votre partenaire dans la mesure où ils vous conviennent également.

VÉRIFIER L'ACCEPTATION RÉCIPROQUE DE VOS PERSONNALITÉS

Une relation saine et solide repose sur l'acceptation mutuelle des personnalités de chacun. Avant de débuter une relation, veillez donc à vous assurer que cette acceptation s'ancre dans un schéma de réciprocité. Cette base fondamentale permet d'assurer votre épanouissement respectif dans votre couple. Cela implique également que vous acceptiez de vous montrer de manière sincère, authentique et transparent pour permettre à votre interlocuteur d'identifier le spectre de votre personnalité, du plus sombre au plus lumineux. Le fait de dissimuler certains aspects empêche l'autre d'effectuer un choix en toute conscience de son engagement avec vous. Les « vices cachés » finissent toujours par ressortir et peuvent alors fragiliser la relation. De même, adopter un comportement pour plaire à l'autre mènera inévitablement à une déception : soit l'autre ressentira de la déception en découvrant votre vraie personnalité, soit vous réaliserez que l'autre vous apprécie pour quelqu'un que vous n'incarnez pas réellement. Cette situation risque, tôt ou tard, de mener à la fin de l'illusion. L'un de vous ressentira le poids de l'amertume de se sentir aimé ou d'aimer une forme d'imposture. La compatibilité avec votre partenaire s'établit lorsque celui-ci vous apprécie en considérant à la fois les aspects positifs et les aspects moins favorables de votre personnalité ainsi que votre mode de fonctionnement. Par ailleurs, vouloir changer votre partenaire pour qu'il corresponde à vos attentes ne peut pas mener à une relation épanouissante. De même, les critiques et le dénigrement ne permettent pas d'évoluer dans une relation saine. Les partenaires doivent s'accepter mutuellement pour progresser dans une relation de confiance et d'épanouissement pour évaluer la question d'un lieu commun pour évoluer ensemble.

ÉVALUER LA COMPLÉMENTARITÉ DE VOS LIEUX DE VIE

Vivre ensemble nécessite un accord ou un consensus sur le lieu et la nature du logement qui satisfait mutuellement vos préférences. Vivre à la campagne, en périphérie, en lotissement, en ville... dans une maison ancienne, en appartement neuf et moderne... Ces choix coïncident souvent avec le mode de vie qui vous correspond : urbain, festif, à la campagne, en harmonie avec la nature... et dépend aussi de votre situation, notamment si vous avez des enfants à charge. Quand les envies ne convergent pas, il peut s'avérer difficile de trouver une solution ou un compromis. D'autres circonstances peuvent présenter des défis. Imaginez si votre partenaire désire vivre seul, comment réagiriez-vous ? Si cela ne vous convient pas, trouver un compromis risque de ne satisfaire personne ou uniquement l'un d'entre vous. Tout comme ces préférences, le désir ou non d'enfant constitue un autre point crucial où l'alignement entre vos envies s'avère impératif.

VÉRIFIER VOTRE ALIGNEMENT SUR LE DÉSIR D'ENFANT

La volonté de fonder une famille constitue un point central pour déterminer la compatibilité entre deux partenaires. Cette question, essentielle dans le développement de votre relation, à une certaine phase de vos vies, souligne l'importance de partager ou de concilier vos visions et vos projets. Votre souhait ou non de fonder une famille peut évoluer au fil du temps et des circonstances. Cependant, une constante doit demeurer au sein de votre couple : l'importance primordiale de respecter le choix et les limites de chacun en ce qui concerne la parentalité. Le fait d'imposer votre souhait ou de convaincre l'autre de changer d'avis peut non seulement créer des frictions mais aussi entraîner les prémices d'une rupture. Cela peut aussi entraîner, à long terme, un sentiment de regret. De même, restez vigilant à préserver vos propres désirs si votre partenaire tente de vous influencer en direction de ses envies. Assurez-vous de communiquer de manière ouverte et sincère pour explorer ensemble les attentes et les espoirs de chacun. Ce dialogue favorise une compréhension mutuelle, tout en veillant à ce que toutes les décisions prises constituent le fruit d'un accord commun, réfléchi et respectueux des désirs de chacun. Au-delà de ces aspirations, l'ensemble des projets individuels façonnent et influencent le chemin que vous choisissez de parcourir ensemble.

MESURER LA COMPLÉMENTARITÉ DE VOS TRAJECTOIRES DE VIE

Avant de vous engager dans une relation, veillez à vous assurer que vos perspectives personnelles pourront suivre leurs trajectoires en harmonie avec celles de votre partenaire. Il peut s'agir de vos projets, aspirations, envies, rêves… Une nouvelle relation impulse systématiquement de nombreux changements dans votre vie et cela peut désorienter votre trajectoire initiale. Par exemple, vous prévoyez de partir en tour du monde et vous rencontrez un partenaire qui ne partage pas votre envie, préférez-vous renoncer à votre rêve d'aventure ou embrasser l'aventure sentimentale ? Prenons un autre exemple, vous souhaitez ouvrir et gérer une maison d'hôte à la campagne mais votre partenaire se montre réticent à cette idée. Il faut évaluer et considérer la priorité : votre relation ou votre projet ? De même, si votre partenaire souhaite vivre à l'étranger, préférez-vous convaincre l'autre de rester ou vous résigner et partir avec lui ou elle ? Pour éviter de vous retrouver dans des situations cornéliennes, abordez ces sujets le plus tôt possible, car ce genre de divergences peut, à terme, vous conduire à choisir des routes séparées ou à devoir s'adapter aux envies de votre partenaire, ou inversement. L'harmonie ne se trouve pas forcément dans la similitude, mais plutôt dans le respect mutuel et l'alignement de vos aspirations personnelles. En effet, les compromis ne riment pas forcément avec solidité mais laissent parfois entrevoir un manque de comptabilité dans une relation.

Prudence sur les compromis

La notion de compromis s'avère fréquemment associée à la perception traditionnelle du couple. Toutefois, le fondement d'une relation épanouissante ne repose pas véritablement sur la capacité des partenaires à effectuer des compromis au sein de leur couple. Un compromis, par définition, constitue un accord dans lequel des individus acceptent de renoncer à certains de leurs intérêts ou de leurs besoins. Les concessions participent à l'équilibre du fonctionnement d'un couple, cependant, certaines s'avèrent nécessaires et d'autres excessives. Les compromis indispensables peuvent concerner le fait de vous accorder des moments avec vos amis ou vos familles de manière proportionnée ou alterner les goûts de chacun, en termes de préférences alimentaires... Dès qu'un déséquilibre apparaît dans votre relation en termes de plaisir/contrainte, vous devez réagir. En effet, si votre partenaire vous laisse gérer les tâches ménagères pendant qu'il s'adonne à sa passion, prenez-soin de trouver des mesures appropriées. De plus, il convient d'accepter des compromis dans une proportion équilibrée pour éviter qu'ils se retrouvent systématiquement initiés par vous ou par votre partenaire. Néanmoins, les compromis doivent se limiter à un équilibre sain. Cela signifie que vous ne devez pas exiger, l'un ou l'autre, des concessions qui heurteraient vos modes de fonctionnements ou vos natures profondes. Par exemple, si vous formez un couple avec une personne introvertie ou casanière qui n'apprécie pas particulièrement les soirées en groupe alors que vous affectionnez particulièrement ce type de sorties, il s'avérerait inapproprié de le ou la forcer à vous accompagner. Le fait de lui demander des efforts pour votre bien-être pourrait révéler une incompatibilité sous-jacente. Une relation solide s'appuie sur l'alignement naturel de vos personnalités et de vos modes de vie sans nécessiter de concessions constantes entre vous. De même, les convictions et les valeurs constituent aussi des piliers essentiels à une relation durable.

L'importance de l'adéquation des convictions

La connaissance et l'affirmation de vos valeurs, vos objectifs et vos priorités vous permettra de vous assurer que la relation que vous construisez pourra préserver ce qui compte pour vous. Il s'agit de votre équilibre. Une nouvelle relation perturbe inévitablement votre stabilité, alors veillez à trouver le nouvel équilibre qui prendra en compte vos nouveaux besoins sans négliger ceux qui comptaient pour vous auparavant. L'alignement parfait des valeurs et des convictions entre des partenaires s'avère très rare. Ces convictions peuvent concerner des aspects religieux, politiques, humanistes, éthiques... Pour autant, un décalage de convictions n'implique pas nécessairement une incompatibilité au sein de votre couple. Ce qui importe avant tout dans votre relation réside dans vos facultés à vous respecter mutuellement et à vous montrer tolérant de façon réciproque. La communication joue un rôle crucial en ce sens. Veillez donc à ouvrir un dialogue respectueux sur ces sujets pour comprendre les raisons et les valeurs profondes qui sous-tendent les convictions de votre partenaire, et inversement. L'ouverture d'esprit et la volonté de s'écouter activement constitue l'un des éléments clés pour surmonter vos différences de convictions. N'oubliez pas qu'une relation constitue un espace où vous pouvez grandir et évoluer ensemble. Vos convictions peuvent donc se rapprocher au fil du temps. Néanmoins, si l'évocation de vos valeurs entraîne systématiquement des confrontations ou des disputes dans votre relation, cela peut mettre en évidence le signe d'incompatibilité plus profonde. L'harmonie ne se résume pas à un alignement parfait de vos convictions, mais plutôt à la façon dont vous vous engagez à respecter vos différences, tout en trouvant des terrains d'entente pour avancer ensemble. Dans cette perspective, la famille et la belle-famille jouent souvent un rôle important dans la dynamique de votre couple.

La place de la famille et belle-famille

Les périodes de célibat vous permettent certainement d'accorder plus de temps à votre famille. Le fait de vous investir dans une nouvelle relation peut donc compromettre cette dynamique. En effet, il faut intégrer de nouveaux facteurs dans l'équation de vos rapports familiaux : votre temps de disponibilité, la distance géographique, ainsi que l'affinité entre votre partenaire et votre famille. Par ailleurs, certaines personnes n'affectionnent pas particulièrement les moments en famille, alors que d'autres ressentent le besoin de voir régulièrement leurs proches. En cas de divergence, veillez laisser la liberté à votre partenaire de choisir ses préférences. De même, prenez-soin de lui demander qu'il ou elle respecte vos besoins et vos limites. Si votre partenaire souhaite passer ses vacances en famille et que cela ne vous convient pas, ce décalage peut mettre en évidence une discordance dans votre relation. Si vous avez des enfants d'une précédente relation ou inversement, il faut impérativement convenir ensemble d'une organisation qui vous convient respectivement. Alors, discutez ouvertement de vos attentes afin de trouver un équilibre qui vous satisfasse tous les deux. La communication et l'empathie restent essentielles pour surmonter ces différences. Ces discussions, nécessaires pour équilibrer vos rapports à vos familles, peuvent laisser émerger des prises de position, un trait de caractère ou un comportement extrême.

Le cas des extrêmes

Le proverbe « les opposés s'attirent » souligne le fait que vous pouvez vous sentir attiré par une personne dont la personnalité ou le mode de fonctionnement diffère complètement du vôtre. Ces différences peuvent porter sur des traits de caractère : dépensier/économe, généreux/égoïste, empathique/insensible, spontané/organisé, créatif/conformiste, flexible/rigide, dynamique/passif, calme/colérique. Ces complémentarités peuvent apporter un équilibre dans votre couple ou au contraire générer des différences fondamentales qui peuvent entraîner des désaccords ou des conflits insurmontables à long terme. Par conséquent, prenez le temps de bien connaître votre partenaire et d'évaluer vos capacités à assembler vos différences de manière positive. Au début de votre relation, à mesure que vous apprenez à vous connaître, la découverte d'un comportement excessivement éloigné de votre seuil de tolérance peut soulever des interrogations sur votre compatibilité. Dans ce cas, une communication ouverte sur vos attentes et vos besoins reste essentielle pour déterminer si vos personnalités s'avèrent conciliables à un niveau plus profond que votre attirance initiale. L'écoute, la compréhension et l'acceptation de l'autre constituent des piliers essentiels pour créer un socle solide au-delà de vos différences. Cette démarche ne doit pas vous empêcher de réagir face à l'émergence de problèmes impactants l'équilibre de votre relation.

Détecter les signaux et alertes

Lorsque vous entamez une nouvelle relation, votre attention se concentre sur tous les détails pour apprendre à connaître votre partenaire et évaluer votre compatibilité. Vous identifiez vos points communs, tout en scrutant les zones d'ombre de sa personnalité. Vous évaluez le potentiel d'un avenir en commun pour confirmer votre souhait de construire une relation avec lui ou elle. Dans l'euphorie des premiers instants de la rencontre, vous pouvez minimiser ou ignorer les comportements ou les situations préoccupantes. Cependant, restez attentif à certains signaux qui peuvent mettre en lumière les zones ombrageuses de sa personnalité. Certains éléments méritent une considération éclairée pour éviter de vous retrouver dans une relation problématique ou nocive. Dans certains cas, il ne faut pas poursuivre la relation lorsque vous identifiez des éléments de sa personnalité qui vous semblent préoccupants ou rédhibitoires. On parle de « red flag » en termes anglais que l'on peut traduire par « signal d'alarme ». Voici quelques éléments pour vous aider à prendre du recul et à identifier des situations qui pourraient vous alerter : votre interlocuteur semble trop dirigiste, il s'accapare le contrôle sur tout : les créneaux de vos rendez-vous, le choix du lieu, les sujets de discussion, les repas, les activités. Cela vous donne l'impression de manquer d'espace pour vous exprimer ou pour effectuer des choix. Cela peut vous donner la puce à l'oreille et vous interroger sur le fait que cette personne pourrait s'avérer autoritaire, dominatrice ou psychorigide. Autre possibilité, votre interlocuteur incarne le partenaire idéal : une vie parfaite, une carrière brillante, aucun échec, aucun défaut, aucune faille. Votre interlocuteur trouve les mots justes pour vous flatter et vous complimenter. Tout semble parfait, sauf si cette personne cache sa vraie personnalité pour montrer une façade idéale. Derrière, il peut s'agir d'une personnalité complexe, toxique ou perverse. Autre hypothèse, votre interlocuteur cherche le partenaire parfait : vous sentez qu'il ou elle cherche à cocher les cases en vous posant des questions, vous sentez qu'il vous teste et qu'il vérifie votre intelligence, votre culture, votre reparti… En parallèle, vous ressentez l'impression que cette personne vous paraît inaccessible, donc vous cherchez à lui plaire par tous les moyens. Trop occupé à rentrer dans son jeu de séduction, vous en oubliez de vous demander si cette personne vous correspond. Ce type de rencontre peut déboucher sur une relation malsaine dans laquelle vous perdez votre confiance en vous car vous essayez en permanence d'atteindre son idéal. Il existe d'autres situations qui doivent attirer immédiatement votre attention, il peut s'agir de comportements agressifs, d'actes de violence, d'un refus de parler pendant plusieurs jours consécutifs… Si vous identifiez des attitudes disproportionnées ou vous retrouvez en permanence confronté à des crises ou des conflits, prenez le temps d'analyser ces signaux. Ils peuvent parfois indiquer des traits de personnalité névrosés, pathologiques ou toxiques. Des personnes pensent pouvoir « sauver » leurs partenaires de ce genre de problèmes. Si votre partenaire manifeste des signes de comportement abusif, de manière physique ou émotionnelle, mettez un terme à cette relation au plus vite. Enfin, gardez à l'esprit que certaines névroses et pathologies nécessitent l'intervention de professionnels de santé. Si vous percevez des incidents dans votre relation, aidez-vous de votre intuition pour vous protéger de situations inextricables.

La force de l'intuition pour faire le bon choix

L'intuition, votre sixième sens, se révèle déterminante dans l'évaluation de votre compatibilité. Parfois, sans éléments tangibles, vous ressentez que votre relation dysfonctionne sans pouvoir expliquer les raisons de cette impression. En effet, l'intuition se base en partie sur des signaux non perceptibles, voire inconscients. Ce ressenti s'active à partir d'un ensemble de perceptions diffuses et de réactions instinctives. Imaginez-vous en train de discuter avec votre partenaire. Vous sentez une légère distance que vous ne pouvez pas identifier précisément. Il ou elle se montre rassurant sur ses sentiments mais pourtant vous sentez qu'il ou elle se montre indécis concernant vos projets d'avenir. Vous ne possédez aucune preuve tangible, mais une voix intérieure vous indique que cette hésitation peut dissimuler des ressentis qu'il ou elle ne communique pas explicitement. De plus, une accumulation d'autres petits signes continuent de semer le doute dans votre esprit. Lorsqu'une inquiétude s'infiltre progressivement, vous n'arrivez plus à l'évincer. Si votre instinct continue de vous signifier que quelque chose ne va pas, prenez soin d'explorer votre impression. En effet, elles peuvent dévoiler des vérités cruciales sur la nature de votre relation. L'intuition peut parfois constituer un indicateur précoce de problèmes potentiels dans votre relation. Au contraire, votre voix intérieure constitue un repère précieux pour sentir que votre connexion avec votre partenaire s'instaure dans un cadre de confiance, de respect et d'harmonie. Quand vous parvenez à éclipser toutes les barrières qui vous empêchaient de trouver la bonne personne, vous pouvez enfin profiter du bien-être que procurent les moments passés avec votre partenaire.

« On ne voit bien qu'avec le cœur. L'essentiel est invisible pour les yeux. »

Saint-Exupéry, écrivain

Conclusion

Trouver le partenaire qui vous correspond nécessite d'explorer en profondeur vos besoins, vos envies et de savoir identifier, avec discernement, le type de personnalité qui vous convient le mieux. Après la rencontre avec votre potentiel partenaire, l'évolution de votre relation dépend de l'acceptation mutuelle de vos modes de fonctionnement et de vos différences, ainsi que de la profondeur de votre connexion, favorisée par une communication ouverte et sincère. Lorsque deux individus se découvrent en ligne et aspirent à établir une connexion émotionnelle profonde, ils doivent tous les deux s'impliquer dans ce sens. Si une attirance évidente se manifeste lors de leur rencontre et qu'ils décident de s'engager dans une relation, ils devront apprendre à s'accepter mutuellement et à communiquer ouvertement leurs attentes respectives pour dépasser leurs différences et leurs points de vue divergents. L'aspiration à bâtir des relations amoureuses authentiques demeure aujourd'hui la priorité de nombreux célibataires qui recherchent des connexions sincères et respectueuses, loin des liens superficiels. Toutefois, leur souhait ne s'avère pas forcément aisé dans un monde où l'intelligence artificielle évolue constamment pour façonner une image idéalisée de soi. Est-ce que la volonté de créer des connexions sincères ne constitue pas la réaction de certaines personnes face au développement continu de l'environnement ultra connecté environnant dans lequel ils évoluent ?

Le besoin de nouer des relations authentiques doit trouver un écho dans votre quête amoureuse. Si la plateforme de rencontres que vous utilisez ne vous permet pas d'atteindre votre objectif, il semble légitime de vous demander si vous devriez modifier les paramètres de votre recherche. Par exemple, vous pourriez envisager de vous inscrire sur une plateforme qui encourage la sincérité de ses membres. Vous pouvez aussi explorer des rencontres en dehors du monde virtuel en participant à des sorties ou des événements où vous pourriez rencontrer des personnes qui partagent vos centres d'intérêt. Prenez le temps de comprendre ce qui compte pour vous et pour réaliser ce que la notion «

authentique » signifie pour vous.

« *L'amour authentique devrait être fondé sur la reconnaissance réciproque de deux libertés.* »

Simone de Beauvoir, philosophe

En priorisant la volonté de tisser une connexion authentique dans votre quête amoureuse, vous vous donnez les moyens de développer une relation profonde avec votre futur partenaire. Cette approche favorise la construction d'un projet de vie qui reflète fidèlement vos besoins et vos aspirations les plus profondes.

Témoignage de Julia, 38 ans :

« *J'ai arrêté de voir mes échecs comme des échecs mais comme des phases d'apprentissage, comme un gamin qui tombe pour au final arriver à marcher tout seul sans la main de ses parents. Et j'ai appliqué ça à l'amour et aux sites de rencontres. Au début, je cherchais l'amour et j'étais désespérée que cela ne donne rien. Puis j'ai décidé de me servir des applications comme d'un outil pour mieux me connaître. Qui suis-je, qu'est-ce que je veux vraiment, qu'est-ce que j'aime, qu'est-ce que je suis capable de faire, de ne pas faire, avec qui, comment l'exprimer, et développer mon feeling ? Et à partir de là tout a changé. De belles rencontres, qui m'ont fait grandir, car c'est au contact de l'autre que l'on découvre qui l'on est. Et c'est ça qui nous permet de trouver LA bonne personne. C'est en étant d'abord nous-même, LA personne que nous devons être. C'est ça la magie de l'altérité, se découvrir à travers les autres. Donc je suis heureuse de pouvoir dire aujourd'hui que j'ai trouvé l'amour ... de moi. Je m'aime, et c'est un sacré long chemin ! Alors maintenant que le plus dur est fait, je ne doute pas que le reste suivra.* »

www.dating-authentique.com

Si le livre « Dating Authentique » vous a aidé de quelque manière que ce soit, nous serions ravis de lire votre avis sur Amazon.

Notes

[1] Sondage Ifop en partenariat avec Cam4 : Enquête sur la rencontre en ligne et la digitalisation de la vie sexuelle à l'heure du covid 19. 05/10/2021

[2] Sondage Ifop en partenariat avec Facebook : Le confinement a t'il accéléré la digitalisation des rencontres ? 21/12/2020

[3] Sondage Ifop en partenariat avec Cam4 : Enquête sur la rencontre en ligne et la digitalisation de la vie sexuelle à l'heure du covid 19. 05/10/2021

[4] Statista : Number of dating service users worldwide from 2018 to 2028, by segment. 12 janvier 2024

[5] Sondage Ifop en partenariat avec Badoo : Ce que les célibataires assument le plus (et le moins) sur les sites de rencontre. 26/05/2021

[6] Étude Meetic : idées reçues et dating. 26 mai 2023

[7] Étude Meetic : idées reçues et dating. 26 mai 2023

[8] Sondage Ipsos en partenariat avec Badoo. Être célibataire en 2022 ! 16 mars 2022

[9] BPI France : Applications de rencontre : un marché comme un autre ? 22 mars 2022

[10] Film de Céline Song. A24. Sortie en 2023

[11] Nature Human Behaviour : « Evidence of correlations between human partners based on systematic reviews and meta-analyses of 22 traits and UK Biobank analysis of 133 traits ». Tanya B. Horwitz, Jared V. Balbona, Katie N. Paulich, Matthew C. Keller. Publiée le 31 août 2023

[12] Nature : Spouses' faces are similar but do not become more similar with time. Pin Pin Tea-makorn & Michal Kosinski. 12 October 2020

[13] Étude Omnibus YouGov – Once. 30 janvier 2020

[14] Sondage Ifop en partenariat avec Badoo : ce que les célibataires assument le plus (et le moins) sur les sites de rencontre. 26/05/2021

[15] Meetic : Étude Meetic : idées reçues et dating. 26 mai 2023

[16] Pew Research Center : 10 facts about Americans and online dating in 2019. 6 février 2020

[17] Questions contemporaines : applications de rencontre : décryptage du néo-consumérisme amoureux. Ziyed Guelmami, François Nicolle. 23 février 2022

[18] Sondage Ifop en partenariat avec Cam4 : Enquête sur la rencontre en ligne et la digitalisation de la vie sexuelle à l'heure du covid 19. 05/10/2021

[19] Sondage Ifop en partenariat avec Disons Demain : Enquête auprès de 3 000 célibataires Français : Y-a-t-il un gap générationnel dans le rapport aux rencontres et aux choix du conjoint ? 27/03/2023

[20] Étude Dynata pour Match : The state of single in 2023. Publiée en 2024

[21] L'Amour sous algorithme. Judith Duportail. Goutte d'or. 21/03/2019

[22] Statista : Les sites et applications de rencontre en France - Faits et chiffres. Sheelah Delestre. 13 déc 2023

[23] Chaîne YouTube Poisson Fécond : Je Perce le Secret de TINDER ! 29 avr. 2023

[24] Mary Ann Liebert, Inc : Finding Intimacy Online : A Machine Learning Analysis of Predictors of Success. Germano Vera Cruz. 31/07/2023

[25] Étude Omnibus YouGov – Once. 30 janvier 2020

[26] Eharmony : Why singles are 'addicted' to dating apps. February 6, 2023

[27] Eharmony : Why singles are 'addicted' to dating apps. February 6, 2023

[28] Eharmony : Why singles are 'addicted' to dating apps. February 6, 2023

[29] Tinder Press Room : Tinder se refait une beauté pour la fin d'année. 30 novembre 2023

[30] Sondage Ipsos en partenariat avec Badoo. Être célibataire en 2022 ! 16 mars 2022

[31] APA : Tinder : Swiping Self Esteem ? Jessica L. Strübel, Trent A. Petrie. 2016

[32] Le Point : Pourquoi les applications de rencontres nous déshumanisent-elles ? Par François Nicolle et Ziyed Guelmami pour The Conversation France. 31/07/2022

[33] Mary Ann Liebert, Inc : Finding Intimacy Online : A Machine Learning Analysis of Predictors of Success. Germano Vera Cruz. 31/07/2023

[34] Sondage Ifop en partenariat avec Cam4 : Enquête sur la rencontre en ligne et la digitalisation de la vie sexuelle à l'heure du covid 19. 05/10/2021

[35] Eharmony : Why singles are 'addicted' to dating apps. 6. 02. 2023

[36] The New York Times : How to Beat F.O.B.O., From the Expert Who Coined It. Tim Herrera. 30 07 2018

[37] Le Point : Pourquoi les applications de rencontres nous déshumanisent-elles ? Par François Nicolle et Ziyed Guelmami pour The Conversation France. 31/07/2022

[38] FTC : Romance scams take record dollars in 2020. 10 février 2021

[39] Sondage Ifop en partenariat avec Badoo : ce que les célibataires assument le plus (et le moins) sur les sites de rencontre. 26/05/2021

[40] Meetic Etude Meetic : idées reçues et dating. 26 mai 2023

[41] Chaîne YouTube Micode : « J'ai matché 10246 filles avec un bot, voici ce j'ai appris ». 9.10.2022

[42] Kinsey Institute : Singles in America (SIA) Study. 2023

[43] Étude Dynata pour Match : The state of single in 2023. Publiée en 2024

[44] Charles Pépin, La rencontre, une philosophie. Allary Eds. 14/01/2021

[45] Cyrano de Bergerac. Edmond Rostand. Pièce de théâtre représentée pour la première fois le 28.12.1897

[46] Étude Dynata pour Match : The state of single in 2023. Publiée en 2024

[47] Dating Fatigue. Judith Duportail. L'observatoire. 19/05/2021

[48] Sondage Ifop en partenariat avec UfancyMe. Enquête sur le harcèlement et les formes d'irrespect sur les sites de rencontre. 13/11/2018

[49] Sondage Ifop en partenariat avec Disons Demain : Enquête auprès de 3 000 célibataires Français : Y-a-t-il un gap générationnel dans le rapport aux rencontres et aux choix du conjoint ? 27/03/2023

[50] Sondage Ifop en partenariat avec Facebook : le confinement a t'il accéléré la digitalisation des rencontres ? 21/12/2020

[51] Sondage Ifop en partenariat avec Love Advisor et Flashs. Pourquoi les femmes ne font pas le premier pas ? 09/09/2021

[52] Sondage Ifop en partenariat avec Tinder : Les jeunes et la timidité lors d'un premier rendez-vous amoureux. 01/02/2024

[53] Eharmony : Why singles are 'addicted' to dating apps. February 6, 2023

[54] Sondage Ifop en partenariat avec Tinder : Les jeunes et la timidité lors d'un premier rendez-vous amoureux. 01/02/2024

[55] Sondage Ifop en partenariat avec Facebook : le confinement a t'il accéléré la digitalisation des rencontres ? 21/12/2020

[56] Étude Meetic : idées reçues et dating. 26 mai 2023

[57] Enquête in-app de Tinder : le Future Of Dating Report 2023. Publiée en 2023

[58] Étude Dynata pour Match : The state of single in 2023. Publiée en 2024

[59] Enquête in-app de Tinder : le Future Of Dating Report 2023. Publiée en 2023

[60] Étude Dynata pour Match : The state of single in 2023. Publiée en 2024

[61] Étude Dynata pour Match : The state of single in 2023. Publiée en 2024

[62] L'art subtil de séduire, Mark Manson. Eyrolles. 12/09/2019

[63] Nature Human Behaviour : « Evidence of correlations between human partners based on systematic reviews and meta-analyses of 22 traits and UK Biobank analysis of 133 traits ». Tanya B. Horwitz, Jared V. Balbona, Katie N. Paulich, Matthew C. Keller. Publiée le 31 août 2023

[64] The Experimental Generation of Interpersonal Closeness : A Procedure and Some Preliminary Findings. Arthur Aron, Edward Melinat, Renee J. Bator, Robert Darrin Valloe, Elaine N. Aron

[65] Dale Carnegie, Comment se faire des amis (titre original : How to Win Friends and Influence People). Simon & Schuster. 1936

[66] Enquête in-app de Tinder : le Future Of Dating Report 2023. Publiée en 2023

[67] Sondage Ifop en partenariat avec Tinder : les jeunes et la timidité lors d'un premier rendez-vous amoureux. 01/02/2024

[68] Sondage Ifop en partenariat avec Love Advisor et Flashs. Pourquoi les femmes ne font pas le premier pas ? 09/09/2021

[69] Sondage Ifop en partenarait avec Facebook : le confinement a t'il accéléré la digitalisation des rencontres ? 21/12/2020

[70] Étude Dynata pour Match : The state of single in 2023. Publiée en 2024

[71] Sondage Ifop en partenariat avec Badoo : ce que les célibataires assument le plus (et le moins) sur les sites de rencontre. 26/05/2021

[72] eharmony : Why singles are 'addicted' to dating apps. February 6, 2023

[73] Étude Dynata pour Match : The state of single in 2023. Publiée en 2024

[74] Marco Magrini. Le cerveau mode d'emploi. Marie Claire Éditions

[75] Sondage Ipsos en partenariat avec Badoo. Être célibataire en 2022 ! 16 mars 2022